Elisabeth Mittelstädt (Hrsg.)

Jedem Dunkel folgt ein Licht

Mutmachendes für depressive Zeiten

BRUNNEN/LYDIA

ELISABETH MITTELSTÄDT
[HRSG.]

Jedem Dunkel folgt ein Licht

Mutmachendes für depressive Zeiten

BRUNNEN/LYDIA

Lydia RATGEBER

Coverdesign und Seitenlayout: Olaf Johannson

Umschlagfoto: Dex Image

Lektorat: Renate Hübsch, Bettina Pfeifer, Ines Weber

Satz: spoon design department, Florian Zeidler

Druck und Bindung: Oldenbourg Taschenbuch

ISBN 3-7655-1899-9 (BRUNNEN)

www.brunnen-verlag.de

ISBN 3-9805788-8-7 (LYDIA)

INHALT

Die Freude wiederfinden

Stürme im Leben

Wenn ein Sturm heranzieht, reagiert ein Truthahn ganz anders als ein Adler. Das habe ich in meiner Kindheit auf dem Lande gelernt. Ein Truthahn rennt in die nächste Scheune und hofft, dass der Sturm vorüberzieht. Ein Adler dagegen verlässt die Sicherheit seines Nestes. Er breitet seine Flügel aus, um auf den Windströmen des Sturmes zu schweben. Denn er weiß, dass der Wind ihn höher zum Himmel hinaufträgt, als er je aus eigener Kraft gelangen könnte.

Wie reagieren Sie auf die Stürme in Ihrem Leben? Wie ein Truthahn oder wie ein Adler? Meine Gefühle treiben mich eher dazu, mich wie ein Truthahn zu verhalten. Doch ich möchte mich immer wieder entscheiden, dem Vorbild des Adlers zu folgen. Ich will die Flügel des Glaubens ausbreiten, um den „Wind" zu umarmen und Gott zu vertrauen, dass er mich trägt. Auf diese Weise erlebe ich oft seine Hilfe.

Auf den nächsten Seiten, besonders im ersten Kapitel, beschreiben Fachleute verschiedene „Unwetter der Gefühle". Sie zeigen, welch unterschiedliche Ursachen und welche Gesichter Depressionen haben können. Zudem bieten sie Hilfe an, um mitten im Sturm den Weg zu finden, der aus den Böen herausführt.

In den weiteren Kapiteln finden Sie Erfahrungsberichte von Frauen, die Depressionen hautnah erlebt haben. Sie waren bereit, „LYDIA – der christlichen Zeitschrift für die Frau“ ihre Geschichten anzuvertrauen. Offen sprechen sie von Zweifeln und Hoffnungen in dieser stürmischen Zeit. Sie erzählen, wie sie

- mit dem Schmerz gelebt und gerungen haben,
- Verzweiflung und Selbstmordgedanken überwinden konnten,
- trotz lähmender Hoffnungslosigkeit in den Alltag zurückgekehrt sind,
- Gottes Frieden und Nähe erlebt haben und wie die Freude wieder in ihr Leben einziehen konnte.

Wer einmal im Sturm geflogen ist, kann andere in ihrem Schmerz besser verstehen und ihnen zur Seite stehen. Ich wünsche mir, dass die Stimmen dieser Frauen Sie ermutigen, die Flügel Ihres Glaubens auszubreiten und sich auf den Böen des Windes zurück ins Leben tragen zu lassen.

Elisabeth Mittelstädt

Wenn die Seele weint

Depression frisst jedes bisschen Lebensfreude. Plötzlich erscheint die Welt grau in grau. Nichts füllt die klaffende Leere, wo einst ein Lachen wohnte. Hoffnung wirkt wie eine Illusion. Warum bin ich in dieses Loch gefallen? Wie konnte das nur passieren? Lernen Sie, Ihre Situation besser zu verstehen. Das ist der erste Schritt zur Heilung, wenn die Seele weint.

Dunkle Wolken – Silberstreifen

Ursachen, Symptome und Hilfen bei Depressionen

Dr. Archibald D. Hart

„Die Grippe der Gefühle“ – mit diesem Ausdruck lassen sich Depressionen treffend beschreiben. Sie drücken sich in einem Gefühl der Schwermut oder Traurigkeit aus, das normalerweise von körperlicher Erschöpfung begleitet wird. Nie ist ausschließlich das Gemüt betroffen. Depressionen wirken sich auf den gesamten Menschen aus. Sie sitzen genauso im Magen wie im Kopf. Die Erkrankung ist weit verbreitet, und tritt in unterschiedlicher Schwere auf. Zwei von zehn Menschen erleben in der Regel irgendwann in ihrem Leben eine Depression, die schwer genug ist, ihren Alltag zu beeinträchtigen.

Welche Ursachen haben Depressionen?

Depressionen können grob in drei Hauptkategorien eingeteilt werden: „endogene“, „exogene“ und „neurotische Depressionen“.

Die *endogenen Depressionen* (= von innen kommend) haben körperliche Ursachen. Wissenschaftler gehen davon aus, dass sie von biochemischen Störungen im

Gehirn, im Hormonsystem oder Nervensystem ausgelöst werden. Über die genauen Prozesse, die dazu führen, herrscht noch keine Klarheit. Jedoch zeigen Antidepressiva bei dieser Form der Depression eine so gute Wirkung, dass allgemein eine biochemische Ursache angenommen wird.

Endogene Depressionen tauchen zyklisch auf. Ohne dass es einen erkennbaren Grund dafür gibt, verfällt ein Mensch wiederholt in Depressionen. Stress und Erschöpfung tragen dazu bei, dass sich der Zustand des Betroffenen verschlimmert. Zu den schwersten Formen der endogenen Depressionen gehören die psychotischen Depressionen. Sie sind unabhängig von der Persönlichkeit und können auch bei fröhlichen und optimistischen Menschen auftreten. „Psychotisch" werden sie genannt, weil ihre Symptome so gravierend sind. Oftmals kommt es zu heftigen Anfällen von Hoffnungslosigkeit oder sogar Aggression, die offensichtlich werden lassen, dass die betroffene Person den Realitätsbezug verloren hat.

Die zweite Gruppe von Depressionen umfasst die *exogenen Depressionen* (= von außen kommend). Sie sind die Reaktion auf etwas, was in unserem Umfeld passiert, und rein psychologischer Natur. Man könnte sie als eine Form von Kummer beschreiben. Oft handelt es sich um Reaktionen auf Verlust. Sie markieren einen Trauerprozess, in dem wir lernen müssen loszulassen.

Die dritte Gruppe der Depressionen nenne ich *neurotische Depressionen*. Sie unterscheiden sich dadurch von den exogenen Depressionen, dass sie als Folge von Belastungen und Ängsten auftreten, die sich über einen längeren Zeitraum aufgebaut haben. Sie können entstehen, wenn wir nicht auf gesunde Art mit schmerzhaften Erfahrungen umgehen, sondern einen Lebensstil entwickeln, der von Selbstmitleid geprägt ist. Eine neurotische Depression kann sich selbst „am Leben" halten, wenn sie die Betroffenen daran hindert, sich dem Leben zu stellen.

Neurotische Depressionen können sich zu lebenslangen Gefühls- und Verhaltensmustern entwickeln. Sie lassen sich am schwierigsten behandeln – vor allen Dingen, wenn die Betroffenen sich nicht helfen lassen wollen.

So viele verschiedene Arten von Depressionen es gibt, so groß ist auch die Zahl der unterschiedlichen Behandlungsmethoden. Exogene Depressionen, also die, die von äußeren Umständen ausgelöst werden, lassen sich mit einer gezielten Selbsthilfe-Strategie häufig günstig beeinflussen. Wenn sich jedoch nach einer kurzen Phase der Selbsthilfe keine Veränderungen zeigen, ist es wichtig, fachliche Hilfe in Anspruch zu nehmen. Nur so können wesentliche biologische Faktoren ausgeschlossen und weitere Behandlungsschritte überlegt werden.

Wie kann die Selbsthilfe aussehen?

Zusammengefasst lässt sich die Selbsthilfestrategie bei exogenen Depressionen in fünf Schritten darstellen:

1. Eine persönliche Bewältigungs-Strategie planen
2. Negative Gedanken aufspüren
3. Negative Gedanken bewältigen
4. Die Veränderung problematischer Lebensbereiche angehen
5. Zugrunde liegende Vorstellungen identifizieren und verändern

Immer wieder erinnert uns die Bibel daran, dass wir für unsere Gedanken verantwortlich sind. Gott hat versprochen, uns dabei zu helfen, unseren Sinn zu erneuern, und fordert uns auf, uns nicht dieser Welt anzupassen (siehe Römer 12,2). Daher sollten Sie von Anfang an Gott in Ihre Planung einbeziehen. Bitten Sie ihn, Sie zu leiten und Ihnen die Weisheit und den Mut für die notwendigen Veränderungen zu geben, damit Sie die Depression bewältigen können.

1. Wie kann ich meine persönliche Strategie planen?

Das Hauptproblem bei einer Depression ist, dass sie Sie ausbremst und Ihre normalen Aktivitäten beeinträchtigt. Deshalb ist es wichtig, eine Strategie zu entwickeln, die Ihnen dabei hilft, jeden Tag mit den anstehenden

Aufgaben zu bewältigen. Folgende Schritte können Ihnen dabei helfen:

- Schreiben Sie eine Liste der Dinge, die Sie heute tun müssen. Versuchen Sie dabei, sich nicht zu viel vorzunehmen, sondern konzentrieren Sie sich auf das wirklich Notwendige. Sie können berufliche Aufgaben aufzählen oder – wenn Sie Hausfrau sind – Dinge nennen, die im Haus erledigt werden müssen. Versuchen Sie, sich auf drei oder vier Hauptaufgaben zu beschränken, und ordnen Sie diese nach ihrer Wichtigkeit.
- Versuchen Sie nun, jede Aufgabe in klare Schritte zu gliedern. Wenn Sie zum Beispiel im Haus die Fenster putzen wollen, schreiben Sie die einzelnen Schritte in der Reihenfolge auf, in der sie erledigt werden müssen:
  - Eimer holen und mit Wasser füllen
  - Putzmittel hinzufügen
  - Mit dem Küchenfenster beginnen
  - Anschließend die Fenster im Wohnzimmer und im Schlafzimmer putzen

  Einzelne Schritte aufzulisten spielt eine entscheidende Rolle. Denn wenn wir unter Depressionen leiden, können wir nicht klar denken. Alltägliche Pflichten überwältigen uns. „Kleine Schritte“ lassen sich viel besser meistern.

- Versuchen Sie, immer einen Tag nach dem anderen anzugehen, und planen Sie die Aufgaben für den nächsten Tag nicht, bevor Sie die heutigen nicht erledigt haben. Wenn Sie an einem Tag nicht alles schaffen, verschieben Sie es auf den nächsten. Legen Sie einen Zeitpunkt am Abend oder früh am nächsten Morgen fest, an dem Sie Ihre Arbeit planen.

2. Wie kann ich meinen negativen Gedanken auf die Spur kommen?

Zu den ermüdenden Begleiterscheinungen einer Depression gehören negative Gedanken. Sie geben der Depression Nahrung und verlängern sie oft unnötig. Versuchen Sie, Ihre negativen Gedanken dann aufzuspüren, wenn sie auftreten, damit Sie dagegen vorgehen und sie verändern können. Das wird Ihnen helfen, Ihren Kopf nicht weiter mit belastenden Dingen zu füllen.

Manche Gedanken haben sich verselbstständigt und wiederholen sich in einer ständigen Schleife, wie bei einer Schallplatte, die einen Sprung hat. Vielleicht sagen Sie sich: „Ich bin ein Versager. Ich habe nichts aus meinem Leben gemacht. Ich werde immer depressiv sein. Es wird nie besser werden.“ Jeder dieser Sätze verstärkt die Vorstellung einer Niederlage und hält Ihre Depression am Leben. Tun Sie Folgendes, wenn Sie traurig sind oder Ihnen die Tränen kommen:

Versuchen Sie herauszufinden, welcher Gedanke Ihnen gerade durch den Sinn geht, und schreiben Sie ihn auf – auch, wenn es immer wieder derselbe ist. Das wird Ihnen helfen, zu entdecken, wie oft diese destruktiven Gedanken vorkommen – und sie mit der Zeit zu entmachten.

Allmählich werden Sie feststellen, dass Ihre Gedanken immer wieder um bestimmte Themen kreisen, etwa um Gefühle der Nutzlosigkeit oder Hoffnungslosigkeit. Wenn Sie zum Beispiel über den Verlust Ihrer Arbeitsstelle deprimiert sind, stellen Sie vielleicht fest, dass Sie ständig darüber nachdenken, was Sie falsch gemacht oder hätten anders machen können. Schreiben Sie auch solche Gedanken auf.

Was ist mit Ihren positiven Gedanken? Wenn Sie deprimiert sind, werden es zwar nicht allzu viele sein, aber in Augenblicken, in denen die Anspannung nachlässt, kommen auch sie vor. Wenn Sie sie schriftlich festhalten, verstärken Sie diese Gedanken.

3. Wie kann ich negative Gedanken bewältigen?

Prüfen Sie, ob Ihre negativen Gedanken der Wahrheit entsprechen. Bei einigen gibt es einen wahren Kern. Die meisten aber sind stark übertrieben oder verzerrt. Anschließend versuchen Sie, zutreffende, positivere Formulierungen zu finden. Wurden Sie wirklich entlassen, weil Sie „einfach nutzlos" sind? Könnten Sie zum Beispiel sagen: „Ich wurde entlassen, weil die wirtschaftliche Lage schwierig ist."? Wenn Sie Ihre Arbeit allerdings verloren haben, weil Sie unehrlich waren oder Ihre Aufgaben nicht angemessen erfüllt haben, handelt es sich natürlich nicht um einen negativen Gedanken. Dann geht es um einen Verlust, der nur durch entsprechende Trauer verarbeitet werden kann. Doch bei einem deprimierten Menschen sind nur wenige negative Gedanken wirklich zutreffend. Wenn Sie Ihre negativen Gedanken weiter überprüfen und ihnen eine andere Wendung geben, entziehen Sie Ihrer Depression allmählich die Nahrung. Es ist wichtig, dabei ehrlich zu bleiben, aber Ehrlichkeit verlangt, einen negativen Gedanken positiver auszudrücken, wenn er nicht der Wahrheit entspricht.

Ein solcher Prozess braucht seine Zeit. Es ist wie bei einem Stein, der durch herabtropfendes Wasser allmählich ausgehöhlt wird. Doch es werden sich Erfolge einstellen – haben Sie Geduld! Es kann auch hilfreich sein, mit Ihrem Ehepartner oder einer guten Freundin über Ihre Gedanken zu reden, um Ihre Wahrnehmung zu überprüfen.

4. Welche Veränderungen kann ich in meinem Leben vornehmen?

Es ist allerdings auch wichtig, bestimmte Bereiche Ihres Lebens zu untersuchen, die verändert werden müssen.

Vielleicht sind hier einige aufgelistet, die Sie persönlich in Angriff nehmen wollen:

- Die Neigung, Dinge hinauszuzögern
- Die Unfähigkeit, etwas zu genießen
- Mangelnde Disziplin
- Das Vermeiden sozialer Kontakte
- Übertriebene Selbstkritik oder Selbstzweifel
- Leichte Ablenkbarkeit oder Konzentrationsschwierigkeiten
- Probleme mit einem schlechten Gedächtnis
- Schwierigkeiten, Entscheidungen zu treffen
- Übergewicht oder andere körperliche Probleme
- Überzogene Angst oder Furcht

Diese Liste können Sie durch einige andere Problembereiche ergänzen, die Ihnen vielleicht beim Beten noch in den Sinn kommen. Solche Schlüsselbereiche sind entweder die Ursache oder die Folge einer Depression. Versuchen Sie, jeden Bereich einzeln zu prüfen, um festzustellen, ob er eine Ursache oder eine Folge Ihrer Depression ist.

Wählen Sie einen oder zwei dieser Problembereiche aus. Nehmen wir zum Beispiel an, ein ernstes Problem für Sie wäre, dass Sie die Dinge zu lange hinausschieben. Weil Sie eine bestimmte Arbeit aufgeschoben haben, die erledigt werden musste, wurde Ihnen gekündigt.

Nun sind Sie deprimiert, und es fehlt Ihnen an der nötigen Energie und Motivation, sich nach einer neuen Arbeitsstelle umzusehen. Die Angewohnheit, Dinge aufzuschieben, stellt nun auch ein Hindernis für Ihre Arbeitssuche dar. Und wenn Sie dieses Problem nicht umgehend in Angriff nehmen, wird es sich vermutlich auch am nächsten Arbeitsplatz auswirken. Sie drehen sich also im Kreis.

Schreiben Sie nun drei oder vier Situationen auf, in denen Sie durch Ihre Angewohnheit in Schwierigkeiten geraten sind. Versuchen Sie zu beschreiben, was Sie hätten anders machen können. Vielleicht handelt es sich bei der Aufgabe, die Sie vor sich herschieben, um eine unangenehme Pflicht. Nehmen Sie sich doch eine schöne Aufgabe vor, mit der Sie sich nach Erledigen der lästigen Pflicht belohnen möchten! Für mich ist das „Großmutters Regel“, denn meine Großmutter sagte immer zu mir: „Erledige zuerst das Unangenehme, dann kannst du das Erfreuliche tun.“

Dieselbe Strategie können Sie auch auf die anderen Problembereiche anwenden, die in Ihrer Liste stehen. Es ist ganz einfach:

a. Den Problembereich aufschreiben
b. Die entsprechende Verhaltensweise beschreiben, die verändert werden muss

c. Den Plan in die Tat umsetzen, indem Sie diesen gesunden Verhaltensweisen eine hohe Priorität geben

Noch ein letzter Gedanke: Bei vielen Menschen kann mangelnde Disziplin eine ernste Ursache für Depressionen sein. Leider gibt es kein schnelles Heilmittel dagegen. Sie müssen diesen Mangel ebenso als geistliches wie als psychologisches Problem behandeln und Hilfe in Anspruch nehmen, um etwas zu verändern. Letztlich geht es darum, dass Sie die Kontrolle über sich selbst gewinnen und tun, was getan werden muss.

5. Welche unrealistischen Vorstellungen kann ich aufgeben?
So manche ungesunde Vorstellung wohnt in den Köpfen ansonsten intelligenter Menschen. Solche Gedanken können sich dem bewussten Zugriff einfach deshalb entziehen, weil sie nie in Frage gestellt wurden. Leider können auch sie Depressionen auslösen. Wenn Sie zum Beispiel glauben, dass Sie nie einen Fehler machen sollten, werden Sie es als schweres Versagen empfinden, wenn Ihnen einer unterläuft. Eine Serie von mehreren Fehlern kann dann leicht eine Depression auslösen.

Menschen mit stark perfektionistischen Tendenzen sind oft Depressionen ausgesetzt, weil sie die unzutreffende Auffassung verinnerlicht haben, sie müssten perfekt sein. Doch kein Mensch kann das. Wir alle müssen gelegentlich unsere Vorstellungen überprüfen.

Schreiben Sie eine Liste derjenigen Vorstellungen, die hinter Ihren gegenwärtigen Problemen stecken könnten. Vielleicht stellen Sie fest, dass einige Gedanken, die Sie aufgespürt haben, Variationen einer bestimmten falschen Vorstellung sind. Der negative Gedanke „Wegen der Depression werde ich nie wieder völlig normal sein" beruht zum Beispiel klar auf einer unzutreffenden Vorstellung. Depressionen dauern nicht ewig. Selbst die schwersten, die ich behandelt habe, gehen irgendwann zurück. Haben Sie Mut, den ersten Schritt in Richtung Heilung zu gehen!

Depressionen wirken sich auf den gesamten Menschen aus. Sie sitzen genauso im Magen wie im Kopf.

Könnten es Depressionen sein?

Leiden Sie unter verschiedenen Beschwerden und fragen sich, ob es sich dabei um Depressionen handelt? Diese Möglichkeit besteht, wenn folgende Symptome gehäuft auftreten.

- Sie leiden unter Schlafstörungen.
- Sie haben ein übergroßes Schlafbedürfnis.
- Sie sind oft müde oder haben wenig Energie.
- Sie fühlen sich oft wertlos.
- Sie können sich nicht richtig konzentrieren.
- Es fällt Ihnen schwer, Entscheidungen zu treffen – selbst kleine.
- Sie haben kein Interesse mehr an Aktivitäten, die Ihnen sonst Freude gemacht haben.
- Ihnen ist oft nach Weinen zumute.
- Sie fühlen sich oft niedergeschlagen oder traurig.

Erschöpfungsdepression

Neue Kraft gewinnen

DR. SAMUEL PFEIFER

Fühlen Sie sich ausgelaugt, schlapp und müssen sich regelrecht zwingen, die gewöhnlichsten Hausarbeiten zu verrichten? Das Vertrauen in Gott scheint wie weggeblasen, und auch in zwischenmenschlichen Beziehungen kriselt es? Am liebsten würden Sie sich ganz einigeln und nur noch schlafen. Falls das Ihre Lage beschreibt, leiden Sie wahrscheinlich unter einer Erschöpfungsdepression. Damit stehen Sie nicht allein. Viele Menschen teilen ihr Schicksal. Rund zwanzig bis dreißig Prozent der Bevölkerung klagen über ausgeprägte Müdigkeit und Erschöpfung.

Je nach zeitlicher Dauer unterscheiden Ärzte zwischen zwei Formen von Erschöpfung:

1. Vorübergehende Erschöpfung mit klaren beruflichen und privaten Auslösern, die durch entsprechende Entlastung und Umstellung des Lebens nachlässt und abklingt.
2. Länger andauernde, chronische Erschöpfung, die trotz weitgehender Einschränkung früherer Aktivitäten weiter besteht und das Leben eines Menschen über lange Zeit hinweg überschattet. Für diese Form wird heute

häufig der Begriff Chronic Fatigue Syndrom (Chronisches Müdigkeitssyndrom/CMS) verwendet.

Ich möchte mich in erster Linie mit der ersten Form, der Erschöpfungsdepression, beschäftigen. Dabei greife ich Fragen auf, die mir als Arzt immer wieder gestellt werden: „Wie entsteht ein solcher Zustand? Was sind die Hintergründe? Wie kann ich da wieder herauskommen?"

Symptome einer Depression

Wie können Sie feststellen, ob Sie tatsächlich an einer Erschöpfungsdepression leiden?

Folgende Symptome deuten darauf hin:

- Müdigkeit, Antriebslosigkeit, Lustlosigkeit
- mangelnde Initiative und Energie
- Entscheidungsschwierigkeiten
- Traurigkeit, oft den Tränen nahe
- Ängstlichkeit und Verzagtheit bei Aufgaben, die man sonst gemeistert hat
- Reizbarkeit und Ärger
- allgemein verminderte Belastbarkeit
- Verzweiflung und Hoffnungslosigkeit
- Rückzug von Freunden und sozialen Aktivitäten
- vermehrtes Schlafbedürfnis oder Schlafstörungen
- Appetitlosigkeit oder übermäßiger Appetit

- körperliche Beschwerden ohne Befund: Kopfweh, Muskelverspannungen, Magen-Darm-Beschwerden, niedriger Blutdruck, Schwindel, Schwächegefühl
- Glaubensprobleme: Gott kommt einem fern vor, Gebete scheinen nicht beantwortet zu werden, man hat Zweifel an dem, was man sonst geglaubt hat; das Glaubensleben ist überschattet von dunklen Gedanken und Ängsten.

Wie entsteht eine Depression?

1. Stressfaktoren

Eine Erschöpfung kann schleichend kommen, ganz allmählich, so wie ein Bach langsam austrocknet. Oder sie bricht plötzlich und unvermutet aus. Es ist wie bei einer Brücke, deren Gebälk zwar schon lange knarrt, die aber recht stabil war. Doch sobald ein schwerer Lastwagen über sie rollt, bricht sie zusammen.

Bei einem länger anhaltenden Erschöpfungszustand denken viele Menschen zuerst an eine körperliche Erkrankung. Ein Mann berichtete mir: „Ich bin eigentlich recht sportlich und gehe regelmäßig joggen. Aber vor einem Jahr wurden mir die Beine so schwer, dass ich fast nicht mehr rennen konnte. Es war, als würde meine Energie in den Boden abfließen. Oft litt ich unter Kopfweh und Muskelverspannungen. Schließlich ging ich zum Hausarzt. Nachdem er mich untersucht hatte, fragte er mich, ob ich Sorgen oder Probleme hätte. Ich erzählte ihm von den schwierigen Verhältnissen im Betrieb. Dass es auch in meiner Ehe nicht so gut lief, sagte ich ihm nicht ..."

In der Tat kann eine Erschöpfungsdepression auch nach einer schweren Krankheit wie Grippe, Hepatitis, rheumatischem Fieber oder bei Blutarmut auftreten. Oft aber findet der Arzt keine abnormen Laborbefunde, die eine körperliche Ursache nahe legen würden. Manchmal vermuten die Betroffenen jedoch eine versteckte körperliche Ursache, laufen von Arzt zu Arzt, setzen eine „diagnostische Mühle" in Gang und fixieren sich dadurch immer stärker auf ein körperliches Leiden. Häufig fällt es Patienten und Ärzten schwer, eine mögliche psychische Ursache in Betracht zu ziehen. Wenn alle Untersuchungen nichts bringen, wenden sich viele eher der Alternativmedizin zu: Liegt es an giftigen Ausdünstungen aus der neuen Tapete? Kann das Amalgam in den Zähnen schuld sein? Ist eine „Verpilzung" des Darmes die Ursache? Oder können es gar schädliche Energiestrahlen aus unterirdischen Wasserläufen sein?

Gerade wenn Betroffene nur in körperlichen Faktoren die Ursache suchen, ist ein Gespräch über psychische Ursachen schwierig. Oft kommt die Reaktion: „Natürlich habe ich einiges zu verarbeiten, aber im Grunde genommen geht es mir gut. Unsere Tochter hat Schwierigkeiten in der Schule, aber andere haben das auch. Und Knatsch mit den Nachbarn – das kommt doch häufig vor!" Viele wollen es nicht wahr haben, dass eine psychische Ursache ihrer ständigen Müdigkeit zu Grunde liegt. „Andere halten doch viel mehr aus", sagen sie sich, „warum reagiere ich so?"

2. Veranlagung und Persönlichkeit

In der Tat sind nicht nur solche Stressfaktoren allein schuld. Sie können auch in der Persönlichkeit verankert sein. Sensible Personen sind zum Beispiel weniger belastbar als eher robuste Naturen. Bei sensiblen Menschen lässt sich die Erschöpfung bis in die Kindheit zurückverfolgen. So berichtete mir eine Frau: „Meine Eltern haben sich oft gestritten. Ich litt unter den Spannungen und hatte immer den Eindruck, dass ich Frieden zwischen ihnen stiften müsste. Wenn ich dann Papa ein Küsschen gab, wurde er wieder ruhiger und weicher. Oft hat mich meine Mutter gebeten: ‚Geh, gib deinem Vater ein Küsschen, dann ist er wieder lieb zu uns!' Bis heute habe ich den Eindruck, für den Frieden zwischen meinen Eltern verantwortlich zu sein, obwohl ich schon 37 Jahre alt bin. Ständig setze ich mich selbst unter Druck. In diesem Konflikt verliere ich so viel Kraft, dass ich oft nicht mehr kann."

Menschen, die bei Überlastung mit einer Erschöpfung reagieren, sind oft feinfühliger als andere, sensibler für die Nöte um sie herum, engagiert in Familie, Beziehungen und Beruf. Sensible Menschen seien das Salz der Erde, hat der Dichter Marcel Proust einmal gesagt. Doch es gibt auch eine Kehrseite der Sensibilität, nämlich eine erhöhte Verletzlichkeit und Neigung zu Erschöpfung.

2. Grübeleien

Gelegentlich können Ratsuchende genau sagen, was ihnen die Kräfte raubt. Unsere Seele erträgt nur ein gewisses Maß an Belastung oder „Stress", auch bei Menschen, die sonst belastbar und aktiv sind. Wenn Sorgen uns quälen und die Gedanken kreisen, kostet das Energie. Obwohl unser Gehirn nur zwei Prozent des Körpergewichts ausmacht, verbraucht es zwanzig Prozent des Sauerstoffs!

In Kenia lautet ein Wort für Depression „kungfusisa", was „zu viel nachdenken" bedeutet. Wenn dieses ständige Grübeln konfliktbeladen ist, wird es anstrengend. Der Körper beginnt, Warnsignale auszusenden – vom Herzklopfen bis zu Magenschmerzen, von Muskelverspannungen bis zu Schlafstörungen. Lässt die Belastung nicht nach, schaltet er „auf Notstrom". Es kommt zur Depression.

Wie wirkt sich eine Depression aus?

Drei Bereiche, die für die Bewältigung unseres Lebens von absoluter Wichtigkeit sind, laufen in der Depression auf Sparflamme:

- die Genussfähigkeit,
- die Beziehungsfähigkeit,
- die Leistungsfähigkeit.

Verminderung der Genussfähigkeit. „Früher habe ich ein gutes Essen genossen", klagt ein Betroffener. „Heute liegt es mir schwer im Magen. Ich muss auf vieles verzichten, wenn ich mich wohl fühlen will." Auch körperliche Nähe kann als unangenehm empfunden werden. Eine Frau sagt: „Zärtlichkeit und Nähe waren früher so schön. Heute verspanne ich mich oft, wenn ich mit meinem Mann zusammen bin."

Verminderung der Beziehungsfähigkeit. Selbst Menschen, die früher eher extrovertiert und kontaktfreudig waren, können davon betroffen sein. Eine Lehrerin erzählt: „Früher hatte ich eine wirkliche Hingabe für die Kinder, heute regen sie mich oft auf, und ich kann nicht mehr gelassen auf sie eingehen!" Eine andere Person erklärt: „Andere Menschen sind so anstrengend! Oft reicht schon ein falsches Wort, und in mir verschließt sich etwas. Ich will nicht nachtragend sein, aber es ist, als würde mich eine Nadel unter der Haut pieksen. Dann kann ich mich nicht mehr entspannt unterhalten, bis die Meinungsverschiedenheit ausgeräumt ist."

Verminderung der Leistungsfähigkeit. Es kommt Betroffenen oft vor, als wären sie auf einen Planeten mit einer höheren Schwerkraft gezogen. Auf einmal fällt alles schwerer, obwohl sich an ihren Aufgaben nichts geändert hat. Unsicherheit macht sich breit. Eine Person erklärt: „Bei meiner Arbeit muss ich viel telefonieren. Aber in letzter Zeit habe ich jedes Mal Angst, wenn es klingelt. Manchmal wird mir fast schwindlig. Vor kurzem war ich so erschöpft, dass mich mein Arzt für einige Wochen arbeitsunfähig geschrieben hat."

Die Depression kann wie ein Schutz vor weiteren Belastungen sein. Betroffene haben nicht mehr die Kraft, alle Verpflichtungen einzuhalten, Veranstaltungen zu besuchen, Gespräche zu führen. Sie müssen das Leben ruhiger nehmen und werden auch von ihrer Umgebung geschont. Doch die dunkle Wolke über der Seele verdüstert das ganze Leben; die Schwäche nimmt einem die Freude und führt in Selbstzweifel und Gefühle der Wertlosigkeit.

Wenn Gott uns aus unserer Welt der Aktivität, der Kraft und der Leistung herausnimmt und in die Stille führt, ist das oft eine schwere Erfahrung. Aber sie kann uns etwas über den wahren Wert unseres Lebens lehren.

Wie können sensible Menschen, die schneller erschöpft sind, in unserer hektischen und fordernden Welt überhaupt überleben?

Im Gespräch haben sich verschiedene Ansätze bewährt. Wir reden
- über die Auslöser der Depression,
- über falsche Denkmuster und
- über problematische Reaktionen.

Außerdem geht es auch darum,
- Schutzmöglichkeiten zu erlernen und
- eine neue Lebensperspektive zu entwickeln.

Hier einige Hinweise dazu, die hilfreich sein können:
- *Ausruhen.* Erschöpfte Menschen haben ein erhöhtes Bedürfnis nach Ruhe. Wenn sie in ein Schlafdefizit hineingeraten, wirkt sich das fatal aus: Die Belastbarkeit sinkt und kann in eine chronische Erschöpfung münden. Darum ist es wichtig, sich genügend Zeit zum Schlafen zu nehmen. Manchmal ist es sogar notwendig, Ferien einzuplanen, in denen man „nachschlafen“ kann, bis die „Batterien wieder aufgeladen sind“.

Ruhe bedeutet aber nicht nur Schlaf. Oft geht es darum, sich von den drängenden Aufgaben des Alltags zu lösen. „Ein jegliches hat seine Zeit“, sagte schon der weise König Salomo (Prediger 3,1). Und selbst Jesus stand nicht rastlos im Einsatz. Manchmal sandte er seine Jünger bewusst in die Stille: „Geht ihr allein an eine einsame Stätte und ruht ein wenig. Denn es waren viele, die kamen und gingen, und sie hatten nicht Zeit genug zum Essen. Und sie fuhren in einem Boot an eine einsame Stätte für sich allein“ (Markus 6,31-32).

Dieser einsame Ort der Ruhe sieht für jeden anders aus. Manchmal reicht es, am Arbeitsplatz für einige Minuten in die Toilette zu flüchten, bis sich die aufgewühlten Gefühle wieder beruhigt haben. Vielleicht gibt es auch einen Lieblingsweg durch den Wald oder über weite Wiesen, wo in der Beschaulichkeit der Natur auch die innere Ruhe wieder einkehrt, man mit Gott und sich selbst reden kann. Andere suchen die andächtige Stille im Halbdunkel einer Kirche, wo sich die Sonnenstrahlen in den farbigen Fenstern brechen und bunte Muster auf die Wände malen.

Ruhen kann auch heißen, sich zu Hause bequem hinzulegen und ein spannendes Buch zu lesen. Es kann heißen, gemächlich im Garten zu arbeiten oder sich ein gutes Essen zuzubereiten und es mit Genuss und ohne Hetze zu genießen. Wichtig ist auch, sich genügend Zeit zu nehmen, um den Tag zu verarbeiten, die Gedanken zu sammeln und seine Sorgen bei Gott abzulegen.

• *Abgrenzen.* Ruhen bedeutet auch, sich von übermäßiger Gewissenhaftigkeit und von Perfektionismus zu lösen. Sensible Menschen neigen oft dazu, sich zu viel Verantwortung aufzubürden. Wenn sie eine Beziehung eingehen, soll sie rundum und in jeder Hinsicht stimmen. Wenn eine Not an sie herangetragen wird, fühlen sie sich moralisch verpflichtet zu helfen.

Gerade Frauen in den mittleren Jahren, die zwischen ihren heranwachsenden Kindern und den zunehmend betagten Eltern stehen, leiden oft an dem Gefühl, für alles verantwortlich zu sein: den Schulerfolg der Kinder, die einfühlsame Betreuung der Eltern und das Glück des Ehemannes. In meiner ärztlichen Tätigkeit begegne ich immer wieder Menschen, die daran zerbrechen, dass sie keine Grenzen setzen. Sie geben ständig nach, sagen nie nein und überfordern sich schließlich in einem Maß, das zum Ausbrennen führt.

Eine Frau schreibt: „Traurige, deprimierte Menschen lassen mich nicht mehr los. Ich leide darunter, dass es denen, die ich liebe, nicht gut geht und ich nicht alles für sie wenden und zum Guten verändern kann." Viele Christen fragen sich, ob sie sich der Not anderer Menschen verschließen dürfen. Ist es nicht ein Gebot der Nächstenliebe, sich einzusetzen für benachteiligte und leidende Mitmenschen?

Doch auch in der Bibel gibt es Situationen, in denen nur ein Nein die richtige Antwort war. Ich bin beeindruckt von dem Selbstbewusstsein der fünf klugen Brautmädchen, von denen Jesus in einem Gleichnis berichtet. Als Mitternacht herannaht, kommen die fünf „törichten" Mädchen zu ihnen und betteln um Öl für ihre Lampen, die dem Verlöschen nahe sind. Wäre das nicht eine hervorragende Gelegenheit gewesen, ihnen etwas von der Großmut Gottes zu zeigen? Die Antwort überrascht mich immer wieder. Sie beginnt mit einem klaren Nein: „Nein, sonst würde es für uns und euch nicht genug sein; geht aber zum Kaufmann und kauft für euch selbst" (Matthäus 25,1-9).

Wer sich übermäßig verausgabt, hat keine Energie mehr zum Helfen und keine Kraft mehr für sich selbst. Überprüfen Sie deshalb sorgfältig, wie viel Sie von Ihrem Öl, Ihrem „Lebenssaft", abgeben, oder anders gesagt: wie weit Ihre Verantwortung reicht. Wir können und müssen den anderen nicht alle Lasten abnehmen, sondern dürfen zu unseren begrenzten Kräften stehen. Unsere Eltern müssen zu einem Teil selbst mit den Bürden des Alters fertig werden. Und unsere Kinder müssen mit zunehmendem Alter selbst für ihr Verhalten geradestehen. Wir dürfen ein Ja zu unseren begrenzten Kräften finden.

• *Medikamente.* Eine Frau erzählte mir: „Nach der Geburt unseres ersten Kindes wurde ich zum ersten Mal depressiv. Plötzlich war für mich alles eine Belastung. Wir hofften und beteten, dass die Depression nur vorübergehend sein würde. Doch sie zog sich über Monate hin, ohne dass es zu einer Aufhellung kam. Ständig fühlte ich mich schwach. Mein Arzt wollte mir keine Medikamente geben. ‚Wichtig ist nur das Gespräch', sagte er. Am Anfang war er zuversichtlich, aber mit den Monaten verlor er die Geduld und brach die Therapie ab.

Als sich die Depression nach zwei Jahren wieder verstärkte, verschrieb mir ein anderer Arzt ein Antidepressivum. Das nehme ich nun seit fünf Jahren in niedriger Dosierung. Noch nie habe ich so gute Jahre erlebt. Ich spüre zwar oft meine Grenzen, aber ich habe genügend Energie für meine Familie und den Haushalt. Bei mir haben Medikamente eindeutig eine Linderung gebracht."

Leider sind Medikamente keine Wundermittel. Und doch können sie die Psyche stabilisieren und belastbarer machen. Studien haben gezeigt, dass rund die Hälfte von langjährig Depressiven unter einer regelmäßigen antidepressiven Medikation weitgehend beschwerdefrei wurde. Bei leichteren Depressionen können auch pflanzliche Mittel wie Johanniskraut sinnvoll sein. Oft tragen Medikamente dazu bei, dass Menschen mehr Kraft haben, das umzusetzen, was sie in der Therapie und Seelsorge lernen.

• *Erklären.* Wer seine Grenzen deutlich macht und sich in ihnen einrichtet, erlebt weniger Missverständnisse und Enttäuschungen. Dadurch gelingen auch Beziehungen besser und verursachen weniger Stress. Oft kann es hilfreich sein, seinen Freunden zu erklären, warum man nicht so viel mit ihnen unternimmt. Eine Frau schrieb an ihren Freundeskreis: „Seit meinem Schleudertrauma vor drei Jahren habe ich viel weniger Kraft als früher. Ich pflege kaum Beziehungen nach außen – nicht, weil mich die Menschen nicht interessieren oder mir das Leben um mich herum gleichgültig ist. Nein, ich benötige meine vorhandenen Kräfte einfach für mich, meinen Alltag, die Betreuung unserer kleinen Tochter und das Zusammenleben mit meinem Mann. Noch immer bin ich sehr auf Ruhe und Erholung angewiesen. Ich bin Gott dankbar für alles, was ich bis jetzt erfahren durfte, auch wenn es mich manchmal bis an meine Lebensgrenze geführt hat. Noch weiß ich nicht, wann ich wieder die nötige Kraft haben werde, um Besuch einzuladen oder auf ein Fest zu gehen. Nur Zeit und Geduld sind ein Maßstab dafür."

Für die therapeutische Seelsorge ist es wichtig, die starken Einschränkungen zu kennen, die ein Erschöpfungszustand mit sich bringt. Nicht immer werden sie wie in der Geschichte von Elia (1. Könige 19) durch eine relativ kurze Erholungspause wieder aufgelöst. Manchmal braucht es Geduld, viel Geduld.

Wenn Gott uns aus unserer Welt der Aktivität, der Kraft und der Leistung herausnimmt und in die Stille führt, ist das oft eine schwere Erfahrung. Aber sie kann uns etwas über den wahren Wert unseres Leben lehren: Wir sind auch dann wertvoll, wenn wir mit Grenzen und Schwachheit zu leben haben.

Vitamin B und Folsäure gegen Depression

Essen Sie mehr Nüsse, Gemüse und Hefe! Denn diese enthalten die wertvollen Vitamine B6 und B12, sowie Folsäure. Alle drei senken den Homocystein-Spiegel, was sich günstig auf Ihr Gehirn auswirkt. Norwegische Forscher haben entdeckt, dass ein erhöhter Homocystein-Spiegel den Serotonin-Wert im Gehirn abstürzen lässt. Ein niedriger Serotonin-Spiegel löst Depressionen aus. Mit den B-Vitaminen und Folsäure können Sie dem hohen Homocystein-Spiegel entgegensteuern und Ihrem Gehirn eine kleine „Muntermacher-Spritze" verpassen. Falls Sie weder Nüsse noch Gemüse mögen, können Sie auch ein Kombinationspräparat einnehmen, das B-Vitamine und Folsäure enthält. Zu empfehlen ist ein in Drogerien erhältliches Depot-Dragee, das die Wirkstoffe allmählich im Körper ausschüttet. Auch Rinderleber senkt den Homocystein-Spiegel. Setzen Sie dieses Gericht aber nur ab und zu auf Ihren Speiseplan, denn Rinderleber ist relativ fett.

Depressionen? Aber ich bin doch Christ!

DR. RICHARD D. DOBBINS

Unter Christen herrscht oft die falsche Auffassung, emotionale Leiden seien mit dem christlichen Glauben unvereinbar. Mit anderen Worten: Wer nur genug in der Bibel liest und betet, bekommt keine emotionalen Probleme. Doch einige der überzeugtesten Christen, die ich kenne, haben an seelischen Erkrankungen gelitten. Seien Sie dankbar, wenn das bei Ihnen noch nie der Fall war. Und zeigen Sie Mitgefühl für Freunde, die vielleicht eine tiefe emotionale Krise durchmachen. Selbst herausragende Personen der Bibel litten an Depressionen.

Hiob, der wie kein anderer ein frommes, gottesfürchtiges Leben führte, erlebte Depressionen. Das dritte Kapitel des Buches Hiob endet mit der Klage: „Ich habe keinen Frieden, keine Ruhe, nur Plage über Plage fällt mich an" (Hiob 3,26). Wenn Sie die ersten beiden Kapitel kennen, werden Sie gut verstehen, warum Hiob depressiv wurde.

Selbst ein flüchtiges Lesen von Psalm 42 lässt erkennen, dass David depressiv war, als er diese Worte schrieb. Man kann Samuels Bericht über Davids Leben nicht lesen, ohne sich bewusst zu werden, dass dieser „Mann nach dem Herzen Gottes“ (siehe 1. Samuel 13,14) wiederholt an Depressionen litt.

Stellen Sie sich Elia unter dem Wacholder vor, wie er sagt: „Es ist genug, so nimm nun, Herr, meine Seele; ich bin auch nicht besser als meine Väter“ (1. Könige 19,4). Dieses verzweifelte Gebet kann nur von einem depressiven Propheten stammen.

Depressionen als Form des menschlichen Leids gibt es schon sehr lange. Im 4. Jahrhundert vor Christus bezeichnete Hippokrates sie als „Melancholie“. In unserer westlichen Welt sind Depressionen heute weiter verbreitet als je zuvor. Forscher betrachten unsere Epoche als ein „Zeitalter der Depression“. Seit dem Zweiten Weltkrieg steigt die Rate der Depressionen mit jeder Generation. Bei jungen Menschen von 15 bis 30 Jahren liegt die Wahrscheinlichkeit, in eine schwere Depression zu geraten, um 10 Prozent höher als bei ihren Großeltern vor 50 Jahren.

Die Folge ist, dass Selbstmord die zweithäufigste Todesursache von Teenagern ist (an erster Stelle stehen Autounfälle). Ältere und sehr alte Menschen sind weit weniger anfällig für Depressionen als junge Menschen. Bei Frauen liegt das durchschnittliche Alter bei einer beginnenden Depression zwischen 15 und 19 Jahren, bei Männern zwischen 25 und 29 Jahren.

Was ist eine Depression?

„Eine Depression ist ein emotionaler Zustand der Niedergeschlagenheit und Traurigkeit, der von leichter Enttäuschung und Mutlosigkeit bis zu äußerster Hoffnungslosigkeit und Verzweiflung reicht", zitiert eine Gesundheitsbehörde.

Eine klinische Depression macht sich durch eine Häufung folgender Symptome bemerkbar:

- Gefühle der Hilflosigkeit und Hoffnungslosigkeit,
- eine niedergeschlagene Stimmung,
- Verlust von Freude oder Interesse an den gewohnten Aktivitäten,
- Appetitmangel,
- Schlafstörungen,
- Kraftlosigkeit,
- Gefühl der Minderwertigkeit und Schuld,
- Denkschwierigkeiten und Konzentrationsstörungen.

In manchen Fällen von schwerer Depression kommt es zu ständig wiederkehrenden Gedanken an Tod und Selbstmord.

Ursachen von Depressionen

Depressive Gefühle sind eigentlich eine normale Phase im menschlichen Zyklus der Emotionen. Bei einem gesunden Menschen dauern solche Gefühle nur ein paar Stunden oder Tage. Allgemein ausgedrückt gilt die Regel: Wenn eine Depression nicht länger als vier Tage anhält, können Sie sie als normale Gefühlsschwankung betrachten.

Manchmal kann eine Depression als seelische Begleiterscheinung eines primär körperlichen Problems auftreten. In diesem Fall sollten Sie Ihren Arzt aufsuchen. Wenn Ihr physisches Problem gelöst ist, wird auch die Depression verschwinden.

Vielleicht stecken hinter Ihrer Depression auch chemische Ursachen. Bevor Sie allerdings eine solche Diagnose akzeptieren, sollten Sie eine zweite Meinung einholen. Doch wenn eine Depression neurochemisch bedingt ist, also vom Stoffwechsel im Gehirn abhängt, wird eine medikamentöse Behandlung erforderlich, bis Gott eine vollkommenere Form der Heilung schenkt. Wenn das Gehirn – dieses großartige Organ unseres Körpers – Medikamente braucht, ist es deshalb nicht weniger bewundernswert. Menschen schämen sich nicht dafür, Organe wie Herz, Nieren, Magen und Leber medikamentös behandeln zu lassen. Warum sollte das Gehirn eine Ausnahme sein? Wenn neurochemische Prozesse die Ursache sind, wird die richtige Medikation den Betreffenden in die Lage versetzen, ein normales Leben zu führen.

Oft tritt eine Depression als normale Reaktion auf einen tiefen Verlust auf. Das ist die so genannte „Trauerreaktion". Die Bewältigung eines solchen Verlustes erstreckt sich meist über 6 bis 18 Monate. In dieser Zeit durchläuft die Person vier vorhersehbare Phasen der Bewältigung:

- *Schock.* Diese Phase erstreckt sich über einige Stunden oder Tage. Wer unter Schock steht, erlebt alle Dinge als unwirklich. Die Person hat das Gefühl, alles sei nur ein Albtraum, aus dem sie bald erwachen wird, um festzustellen, dass die Tragödie nur geträumt wurde. Doch der Albtraum erweist sich als Realität.
- *Sturm.* Diese Phase dauert mehrere Wochen oder sogar Monate. In der Phase des Sturms erscheint der emotionale Konflikt manchmal unerträglich. Wenn Sie einen solchen Sturm durchmachen, ist es wichtig, sich immer wieder in Erinnerung zu rufen, dass Jesus unmittelbar an Ihrer Seite ist. Vertrauen Sie auf ihn, denn er wird den Sturm stillen. Stürme gehen vorüber. Sie sind nicht von Dauer.
- *Suche.* Das ist die Zeit, in der depressive Menschen versuchen, das Geschehene zu verstehen. Die große Frage lautet: „Wo ist Gott in all diesen Ereignissen?" Wie sie auf diese Phase der Bewältigung reagieren, entscheidet darüber, ob sie verbittert oder gereift aus der Krise hervorgehen werden.
- *Sequenz.* Das Leben nach der Krise ist nie dasselbe wie vorher. Krisen verändern einen Menschen – zum Besseren oder zum Schlechteren.

Wie kann ich mich in einer Depression verhalten?

Wenn Sie unter einer Depression leiden, können Sie folgende konkrete Schritte unternehmen:

- Finden Sie Trost und Ermutigung in Gottes Wort und im Gebet. Konzentrieren Sie sich im Alten Testament auf die Psalmen und im Neuen Testament auf den Philipperbrief.
- Reden Sie mit einer vertrauenswürdigen Freundin über Ihre Probleme. Forschungen bestätigen, dass ein effektiver Schritt zur Bewältigung von Depressionen darin besteht, den emotionalen Schmerz auszusprechen.
- Tun Sie etwas Produktives. Beschäftigen Sie sich. Brüten macht alles nur noch schlimmer.
- Planen Sie Zeiten der Erholung und Entspannung ein.
- Versuchen Sie, eine positive Grundeinstellung zu entwickeln. Konzentrieren Sie sich auf die Veränderungen, die Christus bereits in Ihnen bewirkt hat. Erkennen Sie das Potenzial in anderen Menschen. Blicken Sie einer freundlicheren Zukunft entgegen: „Den Abend lang währet das Weinen, aber des Morgens ist Freude" (Psalm 30,6).
- Erinnern Sie sich daran, dass eine Depression nichts Ungewöhnliches ist. Die Tatsache, dass Sie deprimiert sind, lässt nicht unbedingt auf Ihre geistliche Reife

schließen. Allerdings sollten Sie, wenn Sie deprimiert sind, Ihrer Depression keine Nahrung geben. Das Leben ist zu kostbar, um es unter einem Wacholder (1. Könige 19) zu verbringen.

Selbst herausragende Personen der Bibel

litten an Depressionen.

Sport bekämpft Depression

ANNE KNABE-SCHODER

Regelmäßige Bewegung ist sogar bei anhaltenden Depressionen wirksamer als Medikamente, haben US-Wissenschaftler herausgefunden. Täglich 30 Minuten Training helfen häufig schneller als Antidepressiva. Das ergab eine sportmedizinische Studie der Freien Universität Berlin unter der Leitung von Dr. Fernando Dimeo. Die Ergebnisse wurden im „British Journal of Sports Medicine" veröffentlicht: „Die Wirkung des Trainings ist größer als jene, die man mit den derzeit verfügbaren Medikamenten erreichen kann."

Im Rahmen der Untersuchung waren zwölf an schweren Depressionen erkrankte Menschen im Durchschnittsalter von 49 Jahren per Fitness-Training behandelt worden. Ihre Depressionen hatten mindestens neun Monate lang angehalten. Die Probanden wurden jeden Tag für eine halbe Stunde auf das Laufband geschickt. Es handelte sich um eine Art Intervall-Training mit drei Minuten schnellem Gehen, dann folgten drei Minuten langsameres Gehen.

Schon nach zehn Tagen hatte sich bei sechs Probanden das Empfinden deutlich verbessert. Darunter waren fünf

Patienten, bei denen Arzneimittel bisher versagten hatten. Die Wissenschaftler überraschte besonders, wie schnell die Wirkung eingetreten war.

„Je mehr Sport, umso geringer die Wahrscheinlichkeit, dass die depressiven Symptome zurückkehren", so James Blumenthal, Forscher vom medizinischen Zentrum der Duke Universität in Durham, North Carolina. Auch zahlreiche andere Studien belegen laut „Ärzte-Woche", dass sich regelmäßiger Sport positiv auf die psychische Gesundheit auswirkt: Er

- reduziert Spannung und Stress;
- verringert Angst und Depression;
- verbessert die Konzentration;
- verändert die Wahrnehmung von Beschwerden;
- steigert das Selbstwertgefühl: „Ich habe etwas geschafft";
- sorgt für ein positiveres Körpergefühl.

Drei Fallen für die Seele

DAVID SEAMANDS

Depressionen – Warnsignale, dass wir eine Grenze überschritten haben

Jeder Mensch hat Grenzen der körperlichen, seelischen und geistigen Leistungsfähigkeit, die unbedingt beachtet werden müssen. Sie zu überschreiten kann neben anderen Faktoren Depression auslösen. Fragen Sie sich deshalb ab und zu: Bekomme ich genügend Schlaf? Gelegentlich sind wir alle einmal gefordert und bekommen zu wenig Ruhe. Wir haben Reserven, von denen wir in Höchstbelastungszeiten zehren können. Doch wenn wir aus der Ausnahme die Regel machen, leben wir in einem ständigen Erschöpfungszustand. Wenn Sie sich so verhalten, kann ich Ihnen garantieren, dass Sie bald an behandlungsbedürftigen Depressionen leiden werden.

Essen Sie genug, und essen Sie regelmäßig? Meine Nichte ist Ärztin und hat sich auf Intensivpflege spezialisiert. „Wie helft ihr auf der Intensivstation depressiven Menschen, die einen Selbstmordversuch hinter sich haben?“, fragte ich sie. Ihre Antwort hat mich überrascht: „Manchmal bringen wir ihnen zuerst etwas zu essen, oftmals ein ausgiebiges Mittagessen mit einem saftigen Steak. Sie haben meistens zu wenig Protein. Wir machen oft die Entdeckung, dass sie zwei oder drei Tage nichts Richtiges gegessen haben. Infolgedessen sind ihre Kraftreserven gering und ihre Neigung zu Depressionen ist sehr groß.“ Es gibt Christen, die ständig die körperliche Seite ihrer Existenz vernachlässigen und sich dann verwundert fragen, warum sie Depressionen haben.

Haben Sie je darüber nachgedacht, dass Ihre Depression unter Umständen das Warnsignal ist, mit dem Gott Ihr Lebensschiff steuern möchte? Versucht er vielleicht, Ihnen eine langsamere Gangart anzugewöhnen und Ihr Gefühlsleben ins Gleichgewicht zu bringen, weil Sie dauernd versuchen, über Ihre eigentlichen Möglichkeiten zu leben? Wenn aber der Sklaventreiber des Vollkommenheitsstrebens versucht, Sie mit einem Gefühl des „sollte eigentlich“ anzutreiben, dann überlasten Sie Ihren seelischen Motor und bezahlen eventuell mit Depressionen.

Das, was Ihnen widerfährt, ist nicht so wichtig wie die Art und Weise, mit der Sie darauf reagieren. Es gibt bestimmte Arten des Reagierens, die eine Kettenreaktion auslösen können, die dann zu seelischer und geistiger Verstimmung führt.

Ist Ihnen irgendetwas passiert, das Ihrem Ich einen Schlag versetzt hat? Hat Sie jemand schwer enttäuscht? Haben Sie eine Zwei statt einer Eins bekommen, obwohl

Sie sich so viel Mühe gegeben haben? Vielleicht haben Sie erlebt, wie sehr eine Verletzung, ein Verlust oder das Zerbrechen einer Familie durch Tod oder Scheidung schmerzen kann. Oder, was zwar geringfügiger ist, im Jugendalter aber ebensolche Schmerzen bereiten kann: eine Freundschaft mit einem Jungen oder einem Mädchen ist auseinander gegangen. Schon viele junge Menschen haben mir gesagt: „Meine Freunde regen sich alle über mich auf und sagen: ‚Das dürfte bei dir nicht vorkommen, wenn du wirklich an Jesus glaubst!'" Wie grausam können wir doch jungen Menschen gegenüber sein, wenn wir solche wirklichkeitsfremden Maßstäbe anlegen! Wenn wir vertraute, sichere, angenehmere Orte und Gesichter hinter uns lassen und in eine fremde und neue Umgebung kommen, sind das ebenfalls Schläge, die zu Depressionen führen können.

Manchmal trifft uns auch ein Überraschungsschlag: Die Hauptschlacht haben wir gewonnen. Panzer und schwere Artillerie sind überwunden, aber plötzlich erwischt uns ein kleiner Heckenschütze aus dem Gebüsch. So erging es dem Propheten Elia. In einer der dramatischsten Auseinandersetzungen in der ganzen Geschichte stand er 400 feindlichen Priestern gegenüber. Er besiegte sie alle. Dann aber kam ihm eine beißende, schnippische Bemerkung der Isebel, Ahabs Frau, zu Ohren: „Sagt doch dem Propheten, dass ich ihm sein Leben so erbärmlich gestalten will, dass er bei Sonnenuntergang wünschen wird, er wäre tot" (1. Könige 19,2). So begann es: „Wenn du nicht bis Sonnenuntergang aus der Stadt verschwunden bist ..." Elia war vom Kampf erschöpft. Als ihn Isebels Heckenschützenkugel traf, versank er in selbstzerstörerische Depression. Da wandte Gott bei ihm die Technik der Intensivpflege an. Zuerst sandte er die Raben, die Elia mit Brot – Protein – versorgten. Dann schenkte er ihm ein neues Wahrnehmungsvermögen: „Du bist nicht der einzige, mein Freund; es sind noch 7000 andere da. Das hast du vergessen." Es dauerte gar nicht lange, bis Elias Seele und Geist wieder in ein normales Gleichgewicht kamen.

Wenn unsere Grundhaltung die Ursache von Depressionen ist

Nach meinen Beobachtungen führen hauptsächlich drei Reaktionen zu Depressionen, die durch Verhaltensweisen, nicht durch chemische Ursachen entstehen:

- Unschlüssigkeit,
- Zorn und
- das Gefühl, ungerecht behandelt worden zu sein.

• *Unschlüssigkeit.* Schieben Sie es häufig auf, Entscheidungen zu treffen, wenn es erforderlich wäre? Verhalten

Sie sich im Normalfall so? Wenn das der Fall ist, haben Sie einen eingebauten Depressionsmechanismus in sich. Dieser zerstört Ihren Seelenfrieden. Viele depressive Menschen fühlen sich kraftlos und sagen deshalb: „Ich bin in eine Falle geraten. Ich sehe keinen Ausweg." Sie könnten dagegen dieselbe Energie, die Sie zum Aufschieben der Entscheidung brauchen, investieren, um die Entscheidung zu treffen und auszuführen. Das bewahrt oft vor Depressionen.

Schieben Sie die Entscheidungen auf, weil Sie Angst davor haben, nein zu sagen oder jemanden zu verletzen? In manchen Situationen gibt es keine Lösung, bei der niemand enttäuscht wird. Wenn Sie die Entscheidung hinausschieben, verletzen Sie zu guter Letzt die anderen doppelt und werden selbst deprimiert. Haben Sie Angst davor, ja zu sagen? Fürchten Sie sich vor Verantwortung und Risiko? Wenn Sie sich nur beide Wege ständig anschauen und keine Entscheidung treffen, werden Sie am Ende zu einem Zweifler. Und ein „Zweifler ist unbeständig in allen seinen Wegen" (Jakobus 1,8). Unschlüssigkeit geht oft der Depression voraus.

• *Zorn.* Die kürzeste Definition einer Depression, die ich kenne, lautet: Depression ist eingefrorene Wut. Wenn Sie ständig ernsthafte Schwierigkeiten mit Depressionen haben, kann es sein, dass sich in Ihrem Leben festgefahrener Groll noch nicht gelöst hat. So sicher wie die Nacht dem Tag, folgen Depressionen auf ungelöste, unterdrückte, kultivierte Bitterkeit.

• *Ungerechtigkeit.* Bei Vollkommenheitsfanatikern ist das Gefühl für Recht und Unrecht aus dem Gleichgewicht geraten. Sie fühlen tief in sich den Drang, alles Unrecht dieser Welt beheben zu müssen und das Unkraut auszureißen, das zusammen mit dem Weizen aufwächst. Das ist an sich ein wertvolles Gefühl. Jeder Reformator, Prediger oder Missionar hat es, und es sollte bis zu einem gewissen Grad bei jedem Christen vorhanden sein. Wenn ein Mensch sein Gespür für Unrecht an Gott abgibt, es von ihm reinigen und vom Heiligen Geist regieren lässt, kann es zu einem sehr brauchbaren Werkzeug in Gottes Händen werden. Aber wenn es entgleitet, aus dem Gleichgewicht gerät und Zorn ausgelöst wird, ist solch ein Gefühl für Unrecht sehr zerstörerisch, ruft Depressionen hervor und zerreißt persönliche Kontakte.

Mir ist kaum ein Vollkommenheitsfanatiker begegnet, der sich nicht gleichzeitig schrecklich ungerecht behandelt gefühlt hätte. Die einzige Antwort auf den tief sitzenden Groll, auf die Ungerechtigkeiten des Lebens ist Vergebung. Wer braucht diese Vergebung am häufigsten? Eltern und Familienmitglieder! Nur allzu oft liegen die

Wurzeln der Depression tief in der Kindheit vergraben. Wenn wir es nicht lernen, mit diesen Wurzeln des Zorns ganz ehrlich umzugehen, zu unserem Groll zu stehen und zu vergeben, leben wir in einem Gewächshaus, in dem Depressionen blühen.

Gibt es irgendwo in unserem Leben noch eingefrorenen Zorn auf Eltern, auf Familienmitglieder? Sind wir auf Gott zornig? Viele Menschen müssen Gott vergeben, nicht weil er etwas falsch gemacht hat, sondern weil sie ihn für etwas verantwortlich gemacht haben. Es wird Zeit, dass wir unsere wahren Gefühle zugeben und Offenheit für Gottes Liebe entwickeln. Vielleicht müssen wir unserem Ehepartner vergeben, weil er früher einmal etwas falsch gemacht hat. Vergeben heißt aber auch, von jetzt an den andern anzunehmen und sich ihm zuzuwenden. In der Ehe kann es zu schweren Depressionen kommen, wenn ein Ehepartner meint: „Ich habe doch ein Recht darauf, mich so zu verhalten. Ich muss mich so verhalten, weil der andere …“ Wenn wir meinen, wir haben ein Recht darauf, uns belogen, verstimmt oder betrogen zu fühlen, sind wir auf dem Weg in die Depression.

Vielleicht sind wir deprimiert, weil wir im Zorn kritisieren und uns weigern, unserem Vorgesetzten zu vergeben. Vielleicht hat er tatsächlich seine Machtstellung missbraucht und uns Unrecht getan. Wir müssen aber denen vergeben, denen es Gott gestattet hat, unsere Vorgesetzten zu sein. Wenn wir uns weigern, dürfen wir nicht überrascht sein, wenn Depressionen zu unseren bedrückenden Gefährten werden.

Paulus schrieb an die Gemeinde in Rom: „Liebe Freunde, denkt daran, dass es nicht eure Sache ist, euch selbst Recht zu verschaffen. Überlasst dieses Urteil vielmehr Gott, denn er hat gesagt: ‚Es ist allein meine Sache, Rache zu nehmen. Ich werde alles vergelten.' Handelt so, wie es die Heilige Schrift von euch verlangt: ‚Wenn dein Feind hungrig ist, dann gib ihm zu essen, ist er durstig, gib ihm zu trinken. So wirst du feurige Kohlen auf seinem Haupt sammeln, du wirst ihn überwinden.' Lass dich nicht vom Bösen besiegen, sondern besiege das Böse durch das Gute" (Römer 12,19-21). Die Aufhebung der Ungerechtigkeiten, Unerträglichkeiten und Verletzungen dieser Welt ist Gottes Sache. Wir dürfen und sollen uns da herauszuhalten!

Dagegen lädt er uns ein, uns seinem Werk der Vergebung und Liebe anzuschließen: „Seid freundlich und milde gegeneinander, und vergebt einander ebenso, wie ich um Christi willen euch vergeben habe" (Epheser 4,32). Hören Sie auf damit, alles selbst zurechtrücken und in Ordnung bringen zu wollen. Machen Sie sich vielmehr daran, zu vergeben und zu lieben. Wenn wir unseren Zorn und unsere Überempfindlichkeit gegenüber dem Unrecht aufgeben, haben wir keine Not mehr mit Selbstmitleid. Als Folge werden Depressionen, die durch Groll entstanden sind, verschwinden.

Praktische Vorschläge zum Verhalten in Depressionen

Sie werden vielleicht überrascht sein zu hören, dass Martin Luther viel über Depressionen geschrieben hat. Wegen seiner freudlosen Kindheit und einer überstrengen religiösen Erziehung hatte Luther einen ständigen Kampf mit Minderwertigkeitsgefühlen und Depressionen. Er bietet eine Fülle von Lösungen für dieses Problem an, die heute noch aktuell sind. Ich möchte Sie hier mit einigen seiner Lösungen bekannt machen, die ich persönlich als hilfreich empfunden habe. Zudem füge ich noch einige meiner Erfahrungen hinzu.

1. Vermeiden Sie es, allein zu sein! Deprimierte möchten keinen Menschen um sich haben. Sie wollen sich zurückziehen. Aber ein Sich-Zurückziehen bedeutet Isolierung, und Isolierung während einer Depression bedeutet Entfremdung. Zwingen Sie sich dazu, mit anderen zusammen zu sein. Das ist eine der wichtigsten Entscheidungen, die Sie während einer Depression treffen können.

2. Suchen Sie Hilfe bei anderen! Während einer Depression ändert sich die Wahrnehmungsfähigkeit. Eine kleine Anhöhe wird zu einem großen Berg. Freunde können uns helfen, die wahre Höhe in unser Blickfeld zu rücken. Keiner kann sich allein aus einer Depression retten. Das ist so aussichtslos, wie der Versuch, sich am eigenen Schopf aus Flugsand zu heben. Suchen Sie Menschen und Anlässe auf, die Ihnen Freude bereiten. Hier können Sie eine ganz gezielte Wahl treffen.

3. Hören und/oder machen Sie Musik. Sie war König Sauls Heilmittel gegen seine gedrückte Gemütsstimmung. Die Harmonie und Schönheit von Davids Musik stärkte den niedergeschlagenen Geist des Königs Saul (1. Samuel 16,14-23).

4. Loben und danken Sie Gott! Das war für den Theologen Brengle der Ausweg. Wenn er Gottes Gegenwart nicht fühlen oder nicht richtig beten konnte, dankte er Gott für das Blatt am Baum oder für schönes Vogelgezwitscher. Er dankte für einfache Dinge. Das Wesentliche, was Paulus Timotheus zu sagen hatte, war: „Gedenke, und sei dankbar" (2. Timotheus 1). Den Thessalonichern sagte er nicht: „Fühlt euch dankbar in allen Dingen", sondern „Seid dankbar in allen Dingen" (1. Thessalonicher 5,18).

5. Stützen Sie sich mit aller Macht auf Gottes Wort! Gott kann jeden Abschnitt der Schrift dazu benutzen, um Ihnen in Zeiten der Depression seine Hilfe zukommen zu lassen. Schon immer haben Christen die Psalmen als sehr segensreich erlebt, weil die Psalmisten mit Depressionen vertraut sind und offen darüber schreiben. Dies sind die Psalmen, die besonders hilfreich sein können: Psalmen 6, 13, 18, 23, 25, 27, 31, 32, 34, 37, 38, 39, 40, 42, 43, 46, 51, 55, 57, 62, 63, 69, 71, 73, 77, 84, 86, 90, 91, 94, 95, 103, 104, 107, 110, 116, 118, 121, 123, 124, 130, 138, 139, 141, 143, 146 und 147.

Besonders empfehlenswert ist es, die Bibeltexte laut zu lesen. So wird der Psalmist zum Zeitgenossen, der sowohl seine als auch Ihre Gefühle des Verlassenseins, der Verzweiflung und der Schwermut, aber auch der Zuversicht des Glaubens und der Hoffnung an Gott zum Ausdruck bringt.

6. Ruhen Sie zuversichtlich in der Gegenwart des Geistes Gottes! Die Psalmisten versichern wiederholt, dass sie um das Geheimnis der Errettung aus der Depression wissen. „Harre auf Gott; denn ich will ihm noch danken, dass er mir hilft mit seinem Angesicht“ (Psalm 42,6). Gottes Angesicht ist das Zeichen für Gottes persönliche Gegenwart und seine Liebe.

Auch Jesus tröstete so am Abend vor Golgatha seine tief deprimierten Jünger. „Ich will den Vater bitten, dass er euch einen Beistand gibt, der immer bei euch ist. Ich werde euch nicht allein in der Welt lassen … Ich komme zu euch. Noch eine ganz kleine Weile ... und ihr werdet mich sehen, weil ich lebe und ihr auch leben sollt" (Johannes 14,16.18-19).

Das Lieblingswort, das Jesus für seine verheißene Gegenwart im Heiligen Geist verwendete, lautet „Paraklet" und bedeutet „Rechtsbeistand". Graben Sie sich die Worte Jesu in Ihren Sinn ein, und zwar so lange, bis Sie in der tiefsten Depression wissen, dass er bei Ihnen ist, egal ob Ihre Gefühle das bestätigen oder nicht.

Als die Jünger Jesus verständnislos anschauten, fuhr er fort: „Versucht ihr, voneinander herauszubekommen, was ich meinte, als ich sagte: ‚Es dauert eine kleine Weile, und ihr werdet mich nicht sehen, und es dauert noch eine kleine Weile, und ihr werdet mich sehen?' Ich sage euch in der Wahrheit, ihr werdet traurig und betrübt sein, während sich die Welt freuen wird. Ja, ihr werdet in tiefe Nöte geraten, aber euer Schmerz wird sich in Freude verkehren … Jetzt geht ihr durch Schmerzen, aber ich will euch wiedersehen, und eure Herzen werden überfroh sein – diese Freude kann euch niemand nehmen" (Johannes 16,19-20).

Wir haben Reserven, von denen wir in
Höchstbelastungszeiten zehren können.
Doch wenn wir aus der Ausnahme die Regel machen,
leben wir in einem ständigen Erschöpfungszustand.

Zehn Schritte, um sich besser zu fühlen

1. Treiben Sie Sport! Dr. J. Blumental, Professor für medizinische Psychologie an der Duke Universität, sagt: „Für einige depressive Patienten kann Sport ebenso effektiv sein wie die beste Medizin, die wir verabreichen können."
2. Versuchen Sie, jeden Tag an die frische Luft zu gehen, am besten, wenn die Sonne scheint.
3. Achten Sie auf eine ausgewogene Ernährung. Schränken Sie den Konsum von Kaffee und raffiniertem Zucker ein.
4. Nehmen Sie Ihr Leben unter die Lupe. Bei welchen Aktivitäten geht es Ihnen schlechter? Bei welchen fühlen Sie sich besser? Tun Sie das, wobei Sie sich wohler fühlen. Gibt es in Ihrem Leben Sünde, die Sie bekennen müssen? Bekennen Sie sie, nehmen Sie Gottes Vergebung an, und vergessen Sie nicht, sich auch selbst zu vergeben.

5. Bleiben Sie in Ihrem Leid nicht allein. Teilen Sie Ihre Gedanken und Gefühle einer Freundin oder einem Freund mit. Sprechen Sie auch mit Gott darüber. Scheuen Sie sich nicht, Ihr Herz vor ihm auszuschütten. Sie können absolut ehrlich sein: Er wird Sie nie zurückweisen, weil Sie Probleme haben – er weiß schon darüber Bescheid!
6. Verbringen Sie Zeit mit Menschen, die eine positive Einstellung haben.
7. Helfen Sie jemandem. Ermutigen Sie eine Freundin. Beten Sie für Menschen in Not.
8. Beschäftigen Sie sich mit Kreativem wie Schreiben, Malen oder Zeichnen.
9. Bringen Sie sich dazu, morgens aufzustehen: Gehen Sie arbeiten, wenn Sie eine Arbeitsstelle haben. Gehen Sie in den Unterricht, wenn Sie eine Schule besuchen. Und wenn Sie zu Hause sind, dann machen Sie Pläne, die Sie dazu zwingen, aufzustehen, sich anzuziehen und den Tag in Angriff zu nehmen.
10. Denken Sie gute Gedanken: Füllen Sie Ihr Bewusstsein mit Worten, die Sie aufbauen. Beherzigen Sie den Rat des Apostels Paulus: „Schließlich … orientiert euch an dem, was wahrhaftig, gut und gerecht, was redlich und liebenswert ist und einen guten Ruf hat, an dem, was auch bei euren Mitmenschen als Tugend gilt und Lob verdient" (Philipper 4,8).

Die Seele trösten

„Am Abend mögen Tränen fließen – am Morgen jubeln wir vor Freude", schreibt König David (Psalm 30,6). Doch oft scheint die Nacht endlos, und der Morgen wirkt unerreichbar wie eine Fata Morgana in der Wüste. Was trägt durch die Nacht der Seele, und wie können Sie erste Schritte auf der Straße der Hoffnung wagen? Sie sind nicht allein. Viele andere sind durch dieses Dunkel gegangen, können mitfühlen und bestätigen: Der Morgen kommt!

Ich lebe wieder!

Rückkehr in die Freude nach einer Erschöpfungsdepression

Dagmar Simantzik

Schon lange hatte sich der Ausbruch meiner Krankheit angebahnt. Jahr für Jahr hatten sich die Spannungen und Belastungen in meinem Leben verstärkt. Neben guten Erfahrungen hatte ich viele Enttäuschungen und viel Scheitern erlebt. Auch die Arbeit meines Mannes brachte manchen Ärger in unser Familien- und Eheleben. Außerdem belastete mich die Enge unseres Dorfes, die ich nur mit Mühe ertrug. Es tat mir weh, immer wieder zu spüren, dass ich nicht dazugehörte. Ich blieb eine Zugezogene.

So kam es, dass ich nur widerwillig an dem Platz durchhielt, an dem ich lebte. Innerhalb von sieben Jahren bekamen wir vier Kinder. Trotzdem hielt ich es für meine Pflicht, über all die Jahre in unserer Kirchengemeinde mitzuarbeiten. Ich tat es sehr gerne, nicht zuletzt, weil dies der einzige Bereich in meinem Leben war, der nicht von meinen Kindern bestimmt wurde. Und die forderten mich! Besonders von einem Kind fühlte ich mich ständig an meine Grenzen gebracht. Meine idealen Vorstellungen von Familienleben gerieten ins Wanken. In den Reibungs- und Machtkämpfen verzweifelte ich oft an meinem Versagen, meiner Schuld, meiner Unfähigkeit.

Im Laufe von fast acht Jahren häufte sich ein dickes Bündel an Enttäuschungen, Fehlschlägen, Schuldgefühlen, aber auch an Überlastung, falschem Pflichtgefühl und überzogenen Wertmaßstäben an. Ein Bündel, das viel zu schwer zum Tragen war. Erste Warnsignale waren körperliche Symptome: Stimmbandprobleme, Schwierigkeiten mit Rücken und Wirbelsäule, eine Peri-Bronchitis ... Gezwungenermaßen begann ich, mich wieder meinem Körper zuzuwenden, den ich all die Jahre vernachlässigt hatte. Mit Eifer stürzte ich mich in sportliche Aktivitäten, die ich zum größten Teil bis heute beibehalten habe.

Ein weiterer Schlag folgte. Es kam zu Unstimmigkeiten innerhalb einer Gruppe von Leuten, mit denen wir uns regelmäßig trafen. Wertvolle Beziehungen zerbrachen oder bekamen einen tiefen Riss. Wieder wackelte der Boden meines Lebens. Ich fühlte mich heimatlos und ungeborgen.

Kurze Zeit danach ging es steil bergab. Nach den langen Jahren körperlicher und seelischer Überforderung verkraftete meine Seele keine weitere Belastung mehr. Ich empfand diese Abwärtsbewegung fast körperlich. Sie wirkte wie ein Sog, der mich nach unten zog, ohne dass ich mich wehren konnte.

Nach und nach baute ich einen Schutzwall um meine Seele, schottete mich ab und mauerte mich dadurch letztlich selber ein. An manchen Tagen war ich kaum in der Lage, die Gegenwart meiner Kinder zu ertragen, fühlte mich erdrückt von ihrer Anwesenheit. Manchmal wünschte ich sie weit weg, doch konnte ich sie nicht loslassen, weil ein großer Teil meines Selbstwertgefühls von ihrer Zuneigung abhing. Ich brach die Verbindung zu fast allen Menschen ab. Oft ließ ich das Telefon oder die Türklingel läuten, weil ich Angst hatte, ein belangloses Gespräch über irgendwelche unwichtigen Dinge führen zu müssen.

Meine Seele lag blank, an vielen Stellen wund und ungeschützt. Sogar meinem Mann gegenüber legte ich mir eine „Ölhaut" zu, an der alles ablief: Vorwürfe und Annäherungsversuche, Verletzungen und Liebesbeweise. Eine mit Worten nicht zu beschreibende seelische Müdigkeit erstickte jede emotionale Regung. Mir war, als hätte ich mein Herz verloren, mein weiches, empfindsames Herz, das so tief fühlen und mitfühlen konnte. Und an dem Platz, an dem mein Herz sitzen sollte, klaffte ein gähnend leeres Loch. Wie von außen schaute ich zu, wie ich immer kälter, gleichgültiger und teilnahmsloser wurde. Ich war nicht mehr ich selbst. Und ich mochte auch gar nicht mehr ich sein.

Fluchtgedanken stiegen in mir hoch, wurden stark und übermächtig. Ich wünschte mich weg von all den

Aufgaben, die mir zu schwer waren und an denen ich scheiterte. Am liebsten hätte ich meinen Platz samt Mann und Kindern verlassen. Doch das erforderte ein viel zu hohes Maß an Energie. Diese Kräfte konnte ich nicht mehr aufbieten. Manchmal stieg ein Schrei in mir hoch, erstickte mich fast. Flucht vor dem Leben – Flucht aus dem Leben? Der Gedanke erschreckte mich nicht! Ich wollte alles nur einfach hinter mir lassen. Endlich alles los sein. Nichts mehr müssen. Nur noch Ruhe haben. Durch den Tagesablauf hindurch begleiteten mich Selbstmordgedanken wie ein Schatten.

Das Unbegreifliche war, dass der andere Teil meiner selbst noch immer in seiner zehn Jahre lang eingeübten Routine funktionierte: er wusch, kochte, putzte, kaufte ein ... Wie ich in diesen Wochen den anstrengenden Alltag mit unseren vier Kindern überstand, ist mir im Nachhinein rätselhaft.

Oft ergriff mich die Angst: Angst, verrückt zu werden, schizophren, wahnsinnig. Angst, dieses Leben tatsächlich wegzugeben. Angst aber auch davor, dieses Leben weiterleben zu müssen – gegen meinen Willen.

Die Verbindung zu Gott hatte ich schon vor Wochen abgebrochen. Hatte ich ihm anfangs noch Vorwürfe gemacht, Wut empfunden, ihm die Verantwortung zugeschoben für so vieles, was schief gelaufen war, so war ich jetzt viel zu müde, auch nur Ablehnung zu empfinden.

Ich betete nicht mehr, las kaum in der Bibel und besuchte keine Gottesdienste. Bis ich die Klagelieder entdeckte, die der Prophet Jeremia geschrieben hat. Er hatte ein schweres Leben. Gott hatte ihm einen „unmöglichen" Auftrag gegeben: Er sollte Menschen zur Veränderung ihres Lebens aufrufen, die davon nichts wissen wollten. Ein paar Mal wäre er beinahe an dieser Aufgabe zerbrochen. Doch immer wieder war Gott stärker. Was ich da las, sprach mir aus tiefster Seele. Verzweifelt machte ich mich tastend und ängstlich auf die Suche nach dem Wert meines Lebens.

Wozu war ich auf dieser Erde? Wozu war mein Leben gut? Worin bestand der Wert eines Menschen, woran maß er sich? War ich so gut wie meine Erziehungsversuche? Ließ sich mein Wert an meiner Ehe messen? War ich so liebenswert, wie mein Verhalten freundlich war? Wurden mir wenigstens „mildernde Umstände" zugestanden für all die äußeren Belastungen, die ich zu tragen und zu ertragen hatte? Vier Kinder großzuziehen war schließlich eine enorme Leistung. Ich wollte gelobt werden für das, was ich tat. Ich brauchte Anerkennung. „Mildernde Umstände" waren doch das Mindeste! Aber ich erkannte, dass Gott mich aufforderte, mich im kalten, nackten Licht anzusehen.

Überraschenderweise klagte Gott mich nicht an. Er sagte mir, dass er mich lieb hat und mir verzeiht. Da stand ich nun: Konnte ich mir selbst verzeihen? All die Fehler, die ich an meinen Kindern, meinem Mann und anderen Menschen begangen hatte – und wieder begehen würde? Konnte ich mich selbst akzeptieren, so wie ich jetzt war – unfähig, für die Menschen zu sorgen, die Gott mir anvertraut hatte?

In diesem tiefen Dunkel erreichte mich mein Mann. Er brachte es tatsächlich fertig, über den Rand meines Loches zu mir hinunterzuschauen. Ich konnte mich öffnen, Empfindungen formulieren, mich sogar von ihm umarmen lassen. Obwohl er immer noch unendlich weit weg war, linderte sein Bemühen, mir nahe zu sein, meine Apathie. Die Totenstarre wich einer Art dumpfer Trauer. Das Weinen war wieder da. Und die Tränen spülten Teile meiner Mauer mit weg. Bald folgten die Schreie, die so lange ihren Weg aus mir heraus gesucht hatten. Schluchzend machte ich der Spannung Luft, unter der ich schier zu platzen drohte.

Ich begann zu verstehen, was meine Familie in den letzten Wochen durchgestanden haben musste. Dieses Verstehen versetzte mich sofort in eine neue Angst: allein gelassen zu werden. Wie sollte meine Familie mit mir weiterleben können? Mit mir, auf die kein Verlass mehr war, die an ihrer Aufgabe erbärmlich gescheitert ist? Massive Selbstzweifel quälten mich. Wenn ich allein war, sagte oder schrie ich manchmal: „Ich hasse mich!"

Wollte mein Mann mich in den Arm nehmen, um mich zu trösten, konnte ich nicht verstehen, was ihn dazu bewog.

Doch dann war es offensichtlich: Langsam bröckelte die totale psychische Müdigkeit. Mein Denken wurde wieder klar und scharf, unterschied zwischen Selbstmitleid und Traurigkeit. Ob die Mitte der Nacht schon vorbei war? Auch wenn ich es nicht recht glauben und begreifen konnte, schien das tiefste Loch doch hinter mir zu liegen. War es jetzt dran? Sollte ich mit meiner Willenskraft einfach „hochkrabbeln"? Wie sollte ich das anstellen? Wollte ich das überhaupt? Auf jeden Fall wollte ich nicht einfach nur losgehen – ohne zu wissen, wohin. Alles in mir lechzte nach Veränderung. Ich begann, mich nach Hilfe umzusehen.

Es folgte eine lange Phase des ständigen Auf und Abs. Die Tage, an denen ich ein Stück Leichtigkeit empfand, mehrten sich jedoch. Ich begriff zunächst gar nicht, wie mir geschah. Der Schleier lüftete sich ein wenig. Da war tatsächlich Licht! Wo kam es her? Wo war es nur so lange gewesen? Im Wissen um den Abgrund, der neben oder unter mir war, versuchte ich mich zu freuen. Mit einer Freude, die noch keine Tiefe hatte. Die von außen kam, mir völlig fremd war.

Ich begriff: Das konnte nur Gott getan haben. Und ich weinte angesichts dieser Gewissheit: Er hatte mir nicht geholfen, weil ich so gut war. Auch nicht, weil ich mich so angestrengt hatte. Und noch nicht einmal, weil ich ihn gebeten hätte – ich hatte gar nicht das Gespräch mit ihm gesucht! Nur Anklagen, Zweifel und Ablehnung hatte ich für ihn gehabt. Aber Gott brauchte meine Zuneigung nicht, um mich lieben zu können. Nicht meinen Glauben, nicht meine Vorleistung. All das brauchte er nicht, um mir zu helfen. Er half mir einfach aus freien Stücken, weil ich ihm wichtig war. Ich weinte überwältigt von Freude.

Über die Phase des „Aufstiegs" gäbe es viel zu erzählen. Auch hier erlebte ich noch viele Tiefs, viel Angst und Stimmungsschwankungen. Zusammen mit einer Therapeutin arbeite ich noch heute an der Bewältigung dieser Depression. Doch das Eine ist offensichtlich: Wie jede Krise, so war und ist auch diese Krise eine Art Notbremse, eine Chance zur Veränderung. Mit Gottes Hilfe habe ich sie ergriffen. Und ich bin wieder ins Leben zurückgekehrt!

Mir war, als hätte ich mein Herz verloren, mein weiches, empfindsames Herz, das so tief fühlen und mitfühlen konnte. Und an dem Platz, an dem mein Herz sitzen sollte, klaffte ein gähnend leeres Loch.

Rezept gegen Entmutigung

- Ich bin nie 450 Vertretern einer feindlichen Religion allein entgegengetreten.
- Ich habe nie Feuer vom Himmel herabgerufen.
- Ich habe nie für Regen gebetet, bis ich Sturmwolken heraufziehen sah.
- Ich bin nie 40 Kilometer gelaufen.
- Nie hat eine Königin mein Leben bedroht.
- Aber ich bin entmutigt gewesen wie Elia und habe wie er gesagt: „Herr, ich kann nicht mehr!"

Nach einem Tag mit einem schreienden Baby oder einem aufsässigen Teenager oder einem anspruchsvollen Chef oder einem unzufriedenen Ehemann ... nach einem Tag der Entmutigung und Enttäuschung (mehr über mich selbst als über irgendjemand sonst) ... kann ich mit Elia sagen, wenn nicht sogar schreien: „Herr, ich kann nicht mehr!"

Doch wenn ich mich an das Rezept halte, das Gott dem Propheten Elia gegen Entmutigung gab, werde ich eher in der Lage sein, mich selbst und meine Gefühle wieder in den Griff zu bekommen:

1. Schlafen Sie ausreichend (1. Könige 19,5). Haben Sie schon einmal den Zusammenhang zwischen schwachen Nerven und einer zu kurzen Nacht bemerkt?
2. Essen Sie regelmäßig gesunde Kost (1. Könige 19,6). Eine proteinreiche, zuckerarme Ernährung wird für die nötige Kraft sorgen, die ein anstrengender Tag von Ihnen fordert.
3. Verbringen Sie Zeit in der Stille mit Gott (1. Könige 19,12-13). Ohne das geht es einfach nicht. Egal, wie beschäftigt Sie sind, eine Zeit allein mit sich und mit Ihrem Herrn wird Ihnen so viel Stabilität geben, dass Sie an alles herangehen können, was das Leben mit sich bringt.
4. Anschließend können Sie aufbrechen (1. Könige 19,15).

Im Tal der Verzweiflung

Selbstmord ist eine Sackgasse

REGINA HÜBNER

In der Neujahrsnacht stand ich auf dem Balkon und kämpfte mit dem Impuls hinunterzuspringen. Das neue Jahr stand wie ein riesiger und unüberwindbarer Berg vor mir. Mein ganzes verkorkstes Leben, Versäumtes, Schuld und Sünden lasteten auf mir. Alles kam mir sinnlos und qualvoll vor, nur der Tod schien einen Ausweg zu bieten: endlich Ruhe haben!

Nach der Geburt meines vierten Kindes war durch hormonelle Umstellungen und die Anpassung an die neue Familiensituation eine Wochenbettdepression entstanden. Da sie unerkannt blieb, entwickelte sich daraus eine schwere Form von Depression. Die vielen Medikamente, die ich einnehmen musste, machten mich müde und apathisch. Die meiste Zeit des Tages verbrachte ich im Bett, manchmal stand ich überhaupt nicht mehr auf. Am Tag fürchtete ich mich vor der Nacht, und in der Nacht fürchtete ich mich vor dem neuen Tag. Ich war in einem Strudel gefangen, der sich immer schneller nach unten drehte. Besonders plagte mich die Angst, meine vier Kinder würden mir weggenommen werden. Dadurch, dass ich eine schwere Depression nach der anderen durchlitt, war ich nicht mehr in der Lage, sie zu versorgen.

Als ich resigniert vom Balkon nach unten sah und dachte, dass mein Leben keinen Sinn mehr hätte, kamen Erinnerungen an einen schlimmen Selbstmordversuch aus der Vergangenheit in mir hoch. Ich erschauderte. Mir war plötzlich klar, dass dieser Weg eine Sackgasse war und nicht die letzte Möglichkeit, die mir noch blieb. Um mich herum wurde es ruhiger. Nur noch vereinzelt zischten Raketen in die Luft. Leise kamen Worte in mein Herz: „Auch wenn es im Moment anders aussieht und du es nicht spürst, so glaube mir doch – du bist mir nicht egal. Hab keine Angst. Ich werde mich um dich kümmern." Begebenheiten aus meiner ersten Zeit im Glauben an Gott waren mir plötzlich wieder gegenwärtig. In meinem Herzen stieg eine große, ja fast schon schmerzhafte Sehnsucht nach der Nähe Gottes auf. Und ich betete: „Wenn du mich wirklich noch nicht aufgegeben hast, wenn ich dir wirklich nicht gleichgültig bin, begegne mir doch bitte. Dann hilf mir bitte, denn ich kann nicht mehr. Ich bin völlig am Ende!"

Einen Moment lang blieb ich noch stehen, bevor ich zurück ins Zimmer ging. Da klang es in meinem Herzen: „Du wirst nicht sterben, sondern leben und von den Wundern Gottes erzählen. Fürchte dich nicht, denn du glaubst an einen starken Gott, der dich nicht verlässt!"

Ich wusste, dass ich dies alles nicht geträumt hatte und dass sich in meinem Leben etwas ändern musste. Trotzdem suchte ich in der nächsten Zeit den Ausweg noch auf eigene Faust. Es dauerte eine ganze Weile, bis mir bewusst wurde, dass ich es nicht aus eigener Kraft schaffen würde.

Immer wieder habe ich in meiner Bibel nach passenden Worten für mich geblättert und mir auch welche aufgeschrieben, denn es gab zahlreiche Stellen, die mich ansprachen. Doch letztlich hatte ich das Gefühl, meine Unzulänglichkeit trennte mich immer mehr von Gott und meine verzweifelte Situation veränderte sich nicht.

Da erinnerte ich mich daran, was ich Gott versprochen hatte, als er mir nach meinem ersten Selbstmordversuch das Leben gerettet hatte: „Wenn du mir noch eine Chance gibst, werde ich dir neu mein Leben überlassen." An einem Ostersonntag löste ich mein Versprechen ein. Ich gestaltete eine eigene kleine Feier in der Kirche, bei der ich meine Konfirmation erneuerte und meine Taufe bewusst annahm. Mit Herz, Verstand und Seele konnte ich sagen: „Ich gehöre Jesus!" Dieses Bekenntnis wurde mir zu einem entscheidenden Wendepunkt, da ich meine Schuld, Krankheit und Depression bei Gott abgeben konnte. Danach quälte mich nie wieder der Gedanke an Selbstmord.

Trotzdem stand mir noch eine schwierige Zeit bevor. Eine Freundin, die zugleich Ärztin ist, versprach mir, medizinisch und im Gebet an meiner Seite zu stehen. Auch andere Menschen trafen sich regelmäßig, um für mich zu beten. Ich kann mich noch an den Zeitpunkt erinnern, als ich drei Tage und drei Nächte kein Auge zugetan hatte. Wieder kamen Zweifel in mir hoch, und ich sah ohne Hoffnung in die Zukunft. Meine Bibel war heruntergefallen. Als ich sie aufhob und dabei aufschlug, fiel mein Blick auf die Worte in Jeremia 31, Vers 17: „Du hast eine Zukunft! Du darfst neue Hoffnung schöpfen!" Das schlug wie eine Bombe bei mir ein. Auf einmal wusste ich, dass Gott wirklich zu mir geredet hatte. Er war mir in all meinem Elend nachgegangen und hatte mich nie verlassen, auch wenn ich manchmal das Gefühl hatte, auf einer einsamen Eisscholle von ihm wegzutreiben. Ich erkannte in diesem Moment auch meine Verantwortung – nicht nur gegenüber meinem Mann und den Kindern, sondern auch gegenüber der Gemeinde, in die Gott mich gestellt hatte. Ich war tief bewegt und sehr betroffen. In den folgenden Tagen wurde mir bewusst, dass ich mein Leben völlig umkrempeln und einen neuen Anfang im Glauben machen musste.

Wieder und wieder betete ich zu Gott, er möge mir einen kompetenten Seelsorger schicken – einen, der Beichte und Buße ernst nehmen und mir keine falschen

Schuldkomplexe unterstellen würde. Doch es sollten einige Monate vergehen, bis er mir begegnete. Eines Tages war ich so verzweifelt, dass ich zu Gott schrie: „Ich halte das nicht mehr aus! Ich bin völlig fertig! Schick mir doch endlich jemanden über den Weg, der mir helfen kann, mein Leben in Ordnung zu bringen.“ Ich weinte und zitterte. Mein Magen rebellierte. Ich konnte nur noch Wasser bei mir behalten. Als ich in der Bibel blätterte, schlug sich vor mir eine Seite auf, und wie durch ein Vergrößerungsglas las ich: „Lass dein Schreien und Weinen und die Tränen deiner Augen; denn deine Mühe wird noch belohnt werden, spricht der Herr“ (Jeremia 31,16). Ein Gefühl der Ruhe überkam mich. Ich war überwältigt, dass Gott so direkt in meine Situation hinein gesprochen hatte. Mir war klar, dass sich bald etwas Entscheidendes in meinem Leben verändern würde. Noch am selben Tag traf ich einen Seelsorger.

Im Laufe von zwei Jahren stellte ich mein ganzes Leben um. Es war ein schwerer Weg, den ich gegangen bin – aber er hat sich gelohnt! Mit Gottes Hilfe und durch die Begleitung meines Seelsorgers habe ich es geschafft, den Kreislauf von Krankheit und Depressionen zu durchbrechen. Seit sechs Jahren nehme ich keine Medikamente mehr. Ich habe kompromisslos mit der Vergangenheit und meinen schlechten Gewohnheiten aufgeräumt. Seither bin ich meinen Kaufzwang los und greife auch nicht mehr zu Groschenromanen und Illustrierten, in deren Scheinwelt ich früher abtauchte, wenn ich die harte Wirklichkeit nicht mehr ertragen konnte. Ebenso habe ich meine Ernährung umgestellt, bin frei von Ess- und Brechsucht und habe nebenbei – als kleines Geschenk – noch 60 Kilogramm verloren. Es kam häufig vor, dass mich alte Bekannte und sogar Verwandte nicht gleich wieder erkannten. Auch meine Ehe, die angegriffen war, ist wieder in Ordnung gekommen.

Am Tag fürchtete ich mich vor der Nacht, und in der Nacht fürchtete ich mich vor dem neuen Tag. Ich war in einem Strudel gefangen, der sich immer schneller nach unten drehte.

Wenn ich zurückblicke, erfüllt es mich mit Dankbarkeit, dass viele für mich gebetet haben. Sie haben mich nicht aufgegeben, sondern mich „an die Hand genommen". Streckenweise mussten sie für mich glauben und mich so durch die Zeit der Verzweiflung durchtragen.

In der Zeit nach meiner Krankheit habe ich viele bewegende und für mein Leben einschneidende Erlebnisse gehabt. Nachdem ich eine theologische Ausbildung absolviert hatte, fing ich an, ehrenamtlich in meiner Gemeinde und in zwei Seniorenheimen zu arbeiten. Ich unterhalte mich mit den Rentnern, gehe mit ihnen spazieren und bereite kleine Andachten für sie vor. Ich habe auch schon Menschen auf dem Sterbebett begleitet. Drei Frauen kamen so kurz vor ihrem Tod zum Glauben. Das Leben mit Gott ist ein Abenteuer. Täglich spannend! Ich habe erfahren, dass Gott treu ist. Er tut noch heute Wunder!

Baby-Blues

Postnatale Depression

DORTHE STIEPER

Ich hatte meinen letzten Artikel geschrieben, mein Büro aufgeräumt und mich von meinen Kollegen verabschiedet. Zugegeben, mir war ein bisschen seltsam zu Mute. Meine Arbeit als Journalistin bei der christlichen Wochenzeitschrift „The Challenge" hatte bisher einen Großteil meines Lebens ausgemacht.

Doch dies war kein trauriger Tag, sondern ein freudiger. Morgen begann mein Mutterschaftsurlaub. Viele Jahre hatte ich mich danach gesehnt, Mutter zu werden. Mein Mann und ich wollten die Hoffnung, Kinder zu bekommen, schon beinahe aufgeben. Doch an meinem dreißigsten Geburtstag konnten wir Verwandten und Freunden die gute Nachricht verkünden! Und, um ehrlich zu sein: Ich freute mich auch darauf, ein wenig Abstand von meinem bisherigen, überaus geschäftigen Leben zu gewinnen.

Meine Schwangerschaft verlief problemlos. Nun war alles bereit für die Ankunft des Babys. In unserer Drei-Zimmer-Wohnung im Zentrum von Kopenhagen war ein Raum als Kinderzimmer eingerichtet. Und so, wie ich bisher mein Leben geplant und meine Wünsche und Ziele verwirklicht hatte, war auch mein Muttersein bis ins Detail vorbereitet und ausgemalt. Mit Psychologie war ich vertraut genug, um zu wissen, dass die ersten drei Lebensjahre von allergrößter Bedeutung sind. Unserem Baby wollte ich alle Liebe, Geborgenheit und Bestätigung geben, die es brauchte. Deshalb plante ich, für einige Jahre zu Hause zu bleiben. Ich hoffte, in nicht allzu ferner Zukunft ein zweites Kind zu bekommen und mich für etwa sechs Jahre ganz auf das Muttersein konzentrieren zu können. Weil ich ein ausgesprochen dynamischer Mensch war, ging ich davon aus, genügend Zeit und Kraft zu haben, um mich nebenher sozial engagieren zu können. Außerdem wollte ich weiter in unserer Kirchengemeinde mitarbeiten, wo mein Mann zweiter Pastor war. Das Baby würde ich einfach überallhin mitnehmen!

Doch ich sollte bald merken, dass die Dinge nicht immer so laufen, wie sie geplant sind.

Drei Wochen später, am 23. Dezember 1997, brachte ich unsere Tochter Nicoline zur Welt. Der Tag vor Heiligabend war nicht gerade optimal für eine Geburt. Das Personal in der Klinik war überlastet, die Hebamme sehr unkonzentriert. Wiederholt sagte sie mir, sie habe im Augenblick keine Zeit für mich. Ich hatte keine Angst vor der Geburt gehabt – auf keinen Fall wollte ich hysterisch wirken! Doch als die Hebamme ständig rein und raus lief, regte ich mich dermaßen auf, dass ich sie schließlich anschrie: „Ich liege in den Wehen! Bleiben Sie gefälligst hier!"

Die Geburt war traumatisch. Nach zwei Stunden in Presswehen holte ein Arzt Nicoline mit Hilfe eines Schröpfkopfes. Dabei platzten meine Vagina- und Rektumöffnungen. Rückblickend bin ich sicher, dass die schwierige Geburt und die körperlichen Folgeschäden Auslöser meiner postnatalen Depression waren.

Mutter zu werden war eine gewaltige emotionale Umstellung für mich. In meiner Erinnerung kommt mir das erste Jahr wie ein nicht enden wollender Albtraum vor. Nicoline weinte viel, schlief schlecht und reagierte äußerst sensibel und unsicher, wenn sie nicht in unserer Wohnung und auf meinem Arm war. Heute ist mir klar, dass dies eine ganz normale Reaktion auf meine eigene Unsicherheit war. Ich war ständig erschöpft, hatte Angst, meinen Pflichten als Mutter nicht zu genügen, und machte mir permanent und über alles Sorgen.

Doch ich gab mir größte Mühe, damit nach außen hin alles stimmte. Keiner ahnte etwas von meinen inneren Kämpfen, und ich ließ niemanden in meine aufgewühlten Gefühle hineinschauen. Ich hielt mich für die einzige Mutter auf der ganzen Welt, die kein Mutterglück empfand, und dachte, mich würde sowieso keiner verstehen.

Die anderen jungen Mütter in meinem Umfeld schienen sich in ihrer Rolle wohl und sicher zu fühlen. Ich konnte nicht umhin, mich mit anderen Frauen aus unserer Kirchengemeinde zu vergleichen. Sie hatten mehrere Kinder, nahmen trotzdem an vielen Veranstaltungen teil, hatten genügend Kraft, sich sozial zu engagieren, und sahen obendrein noch gut aus. Zwar fing ich mit einem Mutter-Kind-Kreis in der Gemeinde an, aber auch das ging über meine Kräfte. Das Einzige, was ich tun konnte, war, mit meinem Baby zu Hause zu sitzen und aus dem Fenster zu schauen. Draußen pulsierte das wahre Leben, ohne dass ich daran teilnehmen konnte. So schien es mir wenigstens.

Während dieser ganzen Zeit betete ich zu Gott, er möge mir Kraft geben, eine gute Mutter zu sein. Oft weinte ich mich in den Schlaf. Ich fühlte mich gefangen und unfähig, dem Gefängnis des Mutterseins zu entfliehen. Gleichzeitig hatte ich Schuldgefühle, weil ich nicht zufrieden war, nachdem wir uns so lange ein Kind gewünscht hatten. Eigentlich hätte ich die glücklichste Frau der Welt sein müssen: Ich hatte einen großartigen Ehemann und ein süßes kleines Mädchen. Doch ich konnte nur bedauern, mir je ein Kind gewünscht zu haben.

Als Nicoline ein Jahr alt wurde, sah ich langsam Licht am Ende des Tunnels. Ich meinte, mich endlich durch die Schmerzen und Frustrationen durchgekämpft zu haben. Im Lauf des nächsten Jahres wuchs meine Kraft, und ich fing sogar an, das Leben als Hausfrau zu genießen. Ich war froh, dass ich zu Hause bleiben und Nicoline aufwachsen sehen konnte.

An dem Weihnachtsfest, als Nicoline gerade zwei Jahre geworden war, fingen mein Mann und ich an, von einem zweiten Kind zu sprechen. Die schlimme Zeit, die ich hinter mir hatte, war nichts im Vergleich zu dem, was kommen sollte: Psychisch fiel ich in ein tiefes schwarzes Loch. Eine lähmende Furcht befiel mich. Ich hatte schreckliche Angst, schwanger zu werden, weil ich überzeugt war, dass der Albtraum, durch den ich gerade erst gegangen war, sich wiederholen würde. Erneut wurde ich von einer schweren Müdigkeit befallen und konnte kaum etwas tun. „Das ist bestimmt nicht normal“, dachte ich und überwand mich schließlich, mit meinem Arzt über meine Probleme zu sprechen. Ich musste zugeben, dass ich Hilfe brauchte – um meiner selbst, aber auch um meiner Familie willen. So beschloss ich, eine Beraterin aufzusuchen, die auf postnatale Krisen spezialisiert war.

Im März fingen unsere Gespräche an. Sie waren sehr gründlich und konkret und berührten viele wunde Punkte in meinem Leben – zum Beispiel den Schmerz darüber, dass ich meinem Anspruch, eine gute Mutter zu sein, nicht nachkommen konnte. Oder die Schuldgefühle, die entstanden waren, weil Nicoline darunter leiden musste, dass ihre Mutter emotional nicht anwesend war. Obwohl es sehr anstrengend war, das im Alltag umzusetzen, was ich über mich selbst erfuhr, ging es mir bald besser. Es war hilfreich, die Gefühle und Schmerzen in Worte zu fassen. Außerdem erfuhr ich, dass jede vierte Frau irgendwelche postnatalen Reaktionen durchläuft; ich war bei weitem nicht die Einzige. Es war auch eine Hilfe, bestätigt zu bekommen, dass meine postnatale Depression besonders schwer gewesen war. Und ich empfand es als Erleichterung, herauszufinden, warum ich in meinem ganzen bisherigen Leben auf Leistung bedacht gewesen war und ständig nach Perfektion und Erfolg gestrebt hatte. Ich erkannte, dass ich von jeher das „brave Mädchen“ gewesen war, das immer sein Bestes tat und es allen recht machen wollte, um dadurch Liebe, Annahme und Bestätigung zu erhalten. Sicher war dieses Verhalten nicht der Auslöser der Depression, aber Gott hatte die Zeit meiner körperlichen und seelischen Schwäche dazu genutzt, mich auf diesen Punkt aufmerksam zu machen. Die Beraterin und ich hatten vor, die Gespräche im Mai zu beenden. Aber dann geschah etwas, was meine gesamte Welt wieder zum Einsturz brachte.

Unser Umzug überforderte mich und ich stürzte in die nächste Krise. Ein Jahr lang hatten mein Mann und ich nach einem Haus gesucht, da wir aus der Innenstadt raus wollten. Jetzt wurde uns ein zwei Jahre altes Haus am Stadtrand angeboten, von sehr viel Grün umgeben. Dieses Angebot wollten wir unmöglich ausschlagen. Die folgenden Wochen waren zu stressig für mich. Wegen der vielen tief greifenden Erkenntnisse über meine Person und ihre Umsetzung ins praktische Leben war ich sehr verletzlich geworden. Ich war nicht in der Lage, mit den Belastungen fertig zu werden, die der Kauf des Hauses und der Verkauf unserer alten Wohnung mit sich brachten. Ständig kamen Leute, um sich die Wohnung anzuschauen, und ich musste dafür sorgen, dass alles sauber und aufgeräumt war und Nicoline nicht im Weg stand. Das überstieg meine Kräfte. Innerlich war ich am Zerbrechen. Ich schaffte meine Arbeit nicht mehr und verlor die Kontrolle über meine Gefühle. Mein Körper fühlte sich bleischwer an.

An einem Samstagvormittag kam der Absturz. Mein Mann und ich hatten eine Auseinandersetzung. Eigentlich ging es nur um eine Kleinigkeit, aber sie gab mir den Rest. Ich konnte nicht mehr an mich halten und hätte meinen Schmerz am liebsten laut hinausgeschrien. In der Wohnung hielt ich es einfach nicht mehr aus – ich musste allein sein. Also tat ich etwas, was ich noch nie zuvor getan hatte: Ich ging fort, ohne mich mit meinem Mann versöhnt zu haben. Ich zog mein Regenzeug an und sagte: „Ich gehe spazieren. Ich muss mal raus!“ Bevor mein Mann etwas sagen konnte, verließ ich schnell die Wohnung.

Mühsam schritt ich durch Regen und Wind an einem Kanal entlang stadtauswärts, um den Menschen zu entfliehen. Die Tränen liefen mir übers Gesicht. In meinem Herzen kämpfte ich mit mir selbst und mit Gott: „Ich schaffe es nicht mehr, Gott! Die letzten zweieinhalb Jahre sind ein ständiger Schmerz gewesen. Ich kann so nicht weiterleben. Ich habe komplett versagt – als Mutter, als Ehefrau und als Christ. Ich schaffe es einfach nicht mehr!“

Etwa zwei Stunden später kehrte ich patschnass und durchgefroren nach Hause zurück. Ich ging direkt in die Küche, um das Mittagessen zu richten, auf das Nicoline schon sehnsüchtig wartete. Während des Essens vermied ich es tunlichst, meinen Mann anzusehen. Als wir gegessen hatten, brachte ich Nicoline ins Bett, damit sie ihr Mittagsschläfchen halten konnte. Dann ging ich ins Schlafzimmer, um mich hinzulegen. Mein Mann kam herein und setzte sich zu mir auf die Bettkante. „Ich habe mir große Sorgen um dich gemacht“, sagte er. Ich fing wieder an zu weinen. „Dorthe, es tut mir Leid, dass wir uns gestritten haben. Ich hätte nicht so reagieren sollen.“ „Das ist nicht der Grund“, murmelte ich. „Das war nur der Tropfen, der das Fass zum Überlaufen gebracht hat. Peter, ich bin total kaputt. Ich werde mit mir selbst nicht mehr fertig. Ich habe das Gefühl, den Verstand zu verlieren. Es zerreißt mich innerlich. Ich halte es nicht mehr aus. Bitte, bring mich in die Psychiatrie!“

„Das ist keine Lösung! Es wird dir nicht helfen“, sagte mein Mann und nahm meine Hand. „Du hast in der Psychiatrie nichts zu suchen. Du gehörst hierher, zu Nicoline und mir. Du brauchst überhaupt nichts zu tun, außer dass du da bist. Wir brauchen dich hier, denn wir haben dich lieb.“ Ich fing heftig an zu weinen. Auf der einen Seite war es eine große Erleichterung zu hören, dass ich nichts zu leisten brauchte und trotzdem geliebt wurde. Auf der anderen Seite konnte ich nicht glauben, dass mein Mann es wirklich ernst meinte – dass er mich trotz meines Zustandes immer noch liebte.

An diesem Tag sagten meine Seele und mein Körper: „Stopp!“ Für die nächsten drei Monate konnte ich überhaupt nichts tun. Ich konnte nicht einmal das Telefon abnehmen; wenn es klingelte, krampfte sich jedes Mal mein Magen zusammen. Es war das Schrecklichste, was ich je erlebt hatte. Ich kam mir vor wie ein hilfloses Kind, das total auf andere angewiesen war.

Auf der anderen Seite empfand ich es als Erleichterung, zu meiner Schwachheit zu stehen und sie zu zeigen. Eine große Last fiel von meinen Schultern. Ich war eben keine Superfrau, die alles mit links erledigte! Ich hatte das Gefühl, aus einem falschen Selbstbild, an das ich und alle um mich herum geglaubt hatten, herauszutreten und ein neues, wahrheitsgetreueres Ich kennen zu lernen – die Dorthe, die sowohl schwach als auch stark sein konnte. Den ganzen Sommer über dauerte die finstere Nacht in meiner Seele an. Ich musste mir eingestehen, dass ich nicht genügend Kraft habe, um Nicoline den ganzen Tag daheim zu behalten. Jetzt besucht sie einen nahe gelegenen Kindergarten. Langsam geht es mir wieder besser. In unserem neuen Haus zu wohnen, ist für mich ein Geschenk von Gott, das gerade zur richtigen Zeit kam. Die friedliche Umgebung tut meiner Seele und meinem Körper gut. Immer noch muss ich aufpassen, dass ich mich nicht übernehme. Hin und wieder erlebe ich noch psychische Einbrüche, aber sie dauern nicht mehr so lange. Gott hat mich – und uns – hindurchgetragen. Er ist es, der Heilung schenkt. Ich komme zur Ruhe in dem Gedanken, dass es das Beste für mich war, jetzt gestoppt zu werden. Andernfalls wäre mein Bemühen, Liebe und Anerkennung durch Leistung und endlose Anstrengungen erwerben zu wollen, immer weiter gegangen.

Mein Leben lang hatte ich gehört, dass Gott uns bedingungslos liebt. Ich habe es sogar selbst weitergegeben – aber nie danach gelebt. Ich kann nicht sagen, dass ich eine direkte Offenbarung seiner bedingungslosen Liebe empfangen hätte. Es ist eher so, als hätte ich ein Gerücht darüber gehört – und nun sehne ich mich danach, Gott als den Vater kennen zu lernen, der seine verlorene Tochter in die Arme nimmt. Ich habe das Gefühl, die ersten Schritte auf jene leise, sanfte Stimme zu getan zu haben, die mich bei meinem Namen ruft. Ich habe mich aufgemacht.

Ich kam zur Ruhe in dem Gedanken,
dass es das Beste für mich war,
jetzt gestoppt zu werden.
Andernfalls wäre mein Bemühen,
Liebe und Anerkennung durch Leistung und
endlose Anstrengungen erwerben zu wollen,
immer weiter gegangen.

Hat mein Teenager Depressionen?

ANNEMARIE PFEIFER

Oft höre ich die Sorgen von Eltern um Ihr Teenager-Kind. Manchmal schlafen Teenies schlecht, wollen kaum essen oder ziehen sich zunehmend von der Familie zurück. Einige Teenager klagen ihre Eltern regelrecht an, weil die ihrer Meinung nach schuld daran sind, dass sie sich in ihrer Haut nicht wohl fühlen. Schulnoten stürzen rapide ab, und die Konzentration sinkt. Kein Wunder, dass sich Eltern manchmal fragen: „Hat unser Kind Depressionen? Sind das noch normale Pubertäts-Schwierigkeiten? Oder ist unser Kind dabei, in eine Teenager-Depression zu schlittern? Und vor allem: Wie können wir Eltern helfen?"

Zu Teenagern gehören Stimmungsschwankungen wie Regen zum Herbst. Welche Symptome zeigen aber, dass in der Tochter oder dem Sohn mehr abläuft als eine harmlose kleine Krise? Da jeder Fall einzeln und genau betrachtet werden muss, ist es mir nicht möglich, eine allgemeine Diagnose zu stellen. Die nachfolgende Symptomliste einer Jugenddepression zeigt aber, wann Eltern die Schwierigkeiten des Teenagers ernst nehmen müssen.

Das allgemein anerkannte Diagnosemanual DSM IV beschreibt, dass eine kindliche Depression vorliegt, wenn eines der beiden Kriterien erfüllt ist:

1. Traurige Stimmung
2. Kein Interesse oder keine Freude mehr an allen oder fast allen üblichen Aktivitäten

Und wenn vier der folgenden acht Kriterien erfüllt sind:
1. Appetitlosigkeit oder Appetitzunahme
2. Schlafstörungen
3. Vermehrte Ruhelosigkeit (Aggressivität) oder Verlangsamung
4. Beeinträchtigtes Sozialverhalten (Rückzug aus Beziehungen)
5. Energieverlust, Erschöpfung
6. Gefühle der Wertlosigkeit, Selbstvorwürfe
7. Verminderte Fähigkeit des Denkens oder der Konzentration (Leistungsabfall in der Schule)
8. Wiederkehrende Todesgedanken

Es gibt einige Dinge, die Eltern tun können, um ihren Teenagern zu helfen. Dazu gehört, den Auslöser für das veränderte Verhalten zu finden. Was ist in letzter Zeit im Leben des Kindes geschehen? Gab es einen Wechsel in der Schule, oder ist ein wichtiger Lehrer weggegangen? Gab es Streit mit Freunden? Ist der Teenie Außenseiter in der Klasse? Gibt es in der Familie

Spannungen? Was macht dem Jugendlichen zu Hause Schwierigkeiten?

Meistens sprechen junge Menschen nicht gern mit den Eltern über ihre Probleme, und es braucht viel Feingefühl und Verständnis, bis sie ihr Innerstes preisgeben. Bei diesen Gesprächen ist es absolut wichtig, dass die Erwachsenen nicht urteilen, kritisieren oder dem Kind den Kummer ausreden wollen. Es leidet an seinem Problem, und es wird sein Inneres wie eine Muschel zuklappen, wenn es nicht ernst genommen wird. Auch, wenn Eltern nicht sofort eine Lösung anbieten können, ist es schon eine riesige Erleichterung, wenn die Teenager wissen: Ich bin nicht allein mit meinem Leid. Ich werde angehört und verstanden.

Am Anfang scheint das Problem riesengroß. Wie bei einem Knäuel Schnur muss man zuerst ein Ende finden, um das Ganze zu entwirren. Es ist wichtig, gemeinsam mit dem Teenager nach einem ersten kleinen Schritt zur Bewältigung des Problems zu suchen. Die Maßnahmen, die getroffen werden müssen, können ganz unterschiedlich aussehen: Vielleicht sollten neue Familienregeln, die dem Alter des Heranwachsenden entsprechen, eingeführt werden. Oder das Kind braucht Nachhilfestunden, um gezielter lernen zu können. Im Teenie-Alter ist es meistens besser, wenn eine außen stehende Person Lernhilfen anbietet, denn auch die bestgemeinte Anregung der Eltern wird als Kritik aufgefasst und entsprechend abgeblockt.

In dieser Phase ist es sehr wichtig, zu lernen, wie man ein riesiges Problem in kleine zu bewältigende Abschnitte aufteilt. Der Jugendliche soll die Erfahrung machen, dass er sich selbst schützen kann und dass eine Lösung immer mit einem ersten kleinen Schritt beginnt.

Tritt keine Besserung ein, ist es wichtig, bald fachliche Hilfe in Anspruch zu nehmen. Als Familienberaterin mache ich immer wieder die Erfahrung, dass oft gar nicht viel nötig ist, um einem Teenager zu helfen. Häufig genügen einige Gespräche mit den Eltern und dem Jugendlichen, um neue Lösungen zu finden.

Die Unterstützung durch eine Beratung ist keine Entwertung der Eltern, sondern eine zeitlich begrenzte Entlastung. Auch wenn das Kind gegenwärtig an einem anderen Ort Hilfe findet, sind es die Eltern, die das Kind ein Leben lang begleiten werden. Keiner sollte zu lange damit zögern, Hilfe in Anspruch zu nehmen. Eine erste Anlaufstelle kann der Haus- oder Kinderarzt sein. Er kennt meist Therapeuten, an die er verweisen kann.

Depressive Jugendliche zweifeln an ihren Fähigkeiten und trauen sich nicht zu, das Leben zu meistern. Oft verdecken sie diese bitteren Selbstzweifel hinter aggressiven Gefühlsausbrüchen. Umso mehr brauchen sie täglich die ausgesprochenen oder in Gesten ausgedrückten Botschaften:

- Ich werde trotz meiner Fehler angenommen: Meine Eltern korrigieren zwar meine Handlungen, aber ich weiß, dass sie mich als Person lieb haben.
- Ich kann etwas leisten: Meine Eltern übergeben mir Verantwortung und glauben daran, dass ich das Leben auf meine Art meistern werde. Manchmal sind sie richtig stolz auf mich und sagen das auch.
- Ich werde benötigt: Es gibt Menschen, die ich glücklich machen kann, und es gibt Dinge, die ich sehr gut schaffe. Das macht mich froh.
- Ich werde verstanden: Meine Eltern haben zwar oft eine andere Meinung als ich, aber sie hören mir zu und nehmen mich ernst.
- Ich bin nicht allein mit meinem Kummer: Meine Familie sorgt sich um mich, auch wenn sie mich nicht immer versteht.

Diese aufbauende Liebe erweist sich meistens im Kleinen: ein aufmunternder Blick am Morgen, auch wenn der Teenie verschlafen durch die Wohnung tappt; ein aufrichtiger Dank für das Erledigen einer Arbeit, auch wenn es etwas länger gedauert hat; ein kurzes Kompliment für das Aussehen, auch wenn die neue Haarfarbe nicht dem eigenen Geschmack entspricht; Verständnis für die mühsame Routine der Hausaufgaben, auch wenn es täglich das gleiche Lied ist; ein Blick auf die positiven Seiten, auch wenn sie durch negative Verhaltensweisen beinahe verdeckt werden.

Es ist nicht immer leicht, einem kratzbürstigen jungen Menschen diese Liebe zu geben. Aber wir machen ihm damit das größte Geschenk!

Unterstützung durch eine Beratung

ist keine Entwertung der Eltern,

sondern eine zeitlich begrenzte Entlastung.

In der Dunkelheit tanzen

Als Depressionen mir meinen Ehemann raubten

HELEN LESCHEID

Warum hat Gott denn nicht besser aufgepasst?", fragte mein Sohn schluchzend. „Papa gehört zu uns und nicht in dieses schreckliche Haus! Du sagst doch immer, dass Gott die Gerechten bewahrt. Warum hat er es dann nicht getan?" Ich hatte keine einfache Antwort für meinen Sohn. Die tiefe Depression meines Mannes und seine stationäre Aufnahme hatten unsere siebenköpfige Familie wie ein Blitz aus heiterem Himmel getroffen.

In ihrem hoch gewachsenen, sportlichen Papa hatten die Kinder immer ihren größten Ermutiger und Fan gesehen. Bei Basketballspielen, Klavierkonzerten und anderen Veranstaltungen in Schule und Gemeinde war er derjenige gewesen, der sie begeistert angespornt hatte. Er hatte unsere Familie auch gelehrt, Gottes Schöpfung mehr zu schätzen, wenn wir in den Bergen gewandert und über Seen gerudert waren. Von ihm haben die Kinder schwimmen gelernt und Aktivitäten in der freien Natur wie Campen und Angeln lieb gewonnen.

Die Freitagabende hatte mein Mann zur fröhlichen Familienrunde erklärt. Diese Tage hielt er von abendlichen Verpflichtungen frei, um mit uns Gesellschaftsspiele zu spielen. Oder wir gingen zu einer Veranstaltung, von der er in der Zeitung gelesen hatte. Ein solcher Abend endete meist bei McDonald's, wenn mein Mann nicht schon heimlich etwas Leckeres mit nach Hause gebracht hatte. Was auch immer wir unternahmen: mein Mann hatte uns gezeigt, wie wir gemeinsam etwas Schönes erleben und als Familie zusammenhalten konnten.

Doch all das fand ein jähes Ende, als er sich mit fünfzig Jahren plötzlich in eine psychiatrische Klinik einweisen ließ, aus Sorge, er könnte sich und seiner Familie Schaden zufügen.

Unsere Kinder – zwischen zwölf und einundzwanzig Jahren – und ich kuschelten uns verstört aneinander. Die verheerenden emotionalen Auswirkungen, die wir erlebten, waren so real, als wäre ein Erdbeben unter uns aufgebrochen und hätte uns verwüstet zurückgelassen.

Wo war Gott in dieser Situation? Meine Gedanken gerieten ins Taumeln. Mit den Jahren hatte ich mich daran gewöhnt, dass mein Mann ein guter Vater war und ich mich darauf verlassen konnte, dass er für seine Kinder das Richtige tat. Nun hatte eine Tragödie unsere Familie getroffen. Aber hatte Gott sich geändert? Nein. Ich erinnerte mich daran, dass Gott mich in anderen düsteren Zeiten stets durchgetragen hatte. Die Lektionen, die ich gelernt hatte, waren für mich von unschätzbarem Wert gewesen. Im Rückblick konnte ich die Güte

Gottes erkennen. Aber war ich bereit, auch in dieser Situation auf ihn zu vertrauen?

Der Heilige Geist schien mir zuzuflüstern: „Das Wissen, dass Gott gut ist, ist der erste und wichtigste Schritt, um schwierige Herausforderungen bewältigen zu lernen." So sagte ich meinen Kindern: „Gott hat uns nicht verlassen. Er ist gerade jetzt bei uns, und er wird mit uns durch diese Erfahrung gehen. Ihr werdet sehen."

Vierzig schmerzliche Monate lang sollten wir die Realität dieser Worte durchbuchstabieren. Acht längere Aufenthalte in verschiedenen psychiatrischen Einrichtungen folgten für meinen Mann aufeinander. Es gab nur kürzere Phasen, in denen es ihm gut genug ging, um nach Hause zu kommen. Jedes Mal hatte ich gehofft, dass er bleiben würde. „Ist es nicht schön, Papa bei uns zu haben?", fragte ich dann unsere Kinder. „Jetzt sind wir wieder eine richtige Familie!"

Doch dann setzte erneut die Abwärtsspirale ein, und mein Mann musste wieder in die Klinik aufgenommen werden. Fast vier Jahre dauerte diese Achterbahnfahrt neu geweckter und wieder zerschlagener Hoffnungen. Wir litten unter der fast völligen Ablehnung durch einen Menschen, der für uns nicht nur ein Stützpfeiler der Stärke, sondern auch der beste Freund gewesen war. Die mangelnde Sensibilität von Betreuern und Freunden enttäuschte uns. Und wir trauerten tief über den Verlust dessen, was hätte sein können.

Diese akute und anhaltende Belastung drohte unsere Familie zu zerstören. Gelegentlich gingen einem von uns die Nerven durch. Oder es kam vor, dass wir uns im Sumpf des Selbstmitleids wiederfanden. Aber eigentlich waren solche Zeiten überraschend selten. Heute kann ich sagen, dass wir als Familie im Wesentlichen stärker und inniger miteinander verbunden sind als zuvor.

Ohne Zweifel waren die Gebete und die Unterstützung von Christen eine enorme Quelle des Trostes und der Ermutigung und machten es mir leichter, weiterhin auf Gott zu vertrauen. Ich weiß, dass wir durch seine Gnade alles bewältigen können, was die Zukunft bringen wird. Aber mein Fragen geht weiter: „Wer ist Gott? Und wie ist er wirklich?" Und manchmal, wenn die Atmosphäre es erlaubt, stelle ich diese Fragen auch meinen Kindern.

Nicht weit von unserem Haus erhebt sich der majestätische Berg „Mount Baker", dessen schneebedeckte Hänge in der Sonne glitzern oder in der Abenddämmerung glühen. Gott gebrauchte die rauen Elemente – Wind, Schnee und Sonne –, um eine Landschaft von unbeschreiblicher Schönheit zu schaffen. Sie erinnert mich an sein Versprechen, durch die rauen Elemente unseres Lebens viel zu bewirken.

In der Bibel steht: „Ich bin der Herr, und sonst keiner mehr, der ich das Licht mache und schaffe die Finsternis, der ich Frieden gebe und schaffe Unheil. Ich bin der Herr, der dies alles tut“ (Jesaja 45,6-7). Als ich vor einigen Jahren eine ähnlich schwierige Zeit durchmachte, las ich einen Artikel von Elisabeth Elliot, der sich auf diesen Vers bezog. Der Kern des Artikels lautete in etwa: „In der Natur sind Licht und Dunkelheit notwendig und erfüllen einen ganz bestimmten Zweck. Und dasselbe gilt für unser Leben. Gott lenkt unsere Tage sorgfältig und nutzt sowohl helle als auch dunkle Erfahrungen, um ein herrliches und bedeutsames Muster in unser Leben zu weben.“

Die Jahre, in denen ich Gottes Treue erfahren habe, machen es mir leichter, dies zu glauben. Meine Kinder dagegen haben diesen Vorteil nicht. Deshalb muss ich sie daran erinnern, wie Gott uns in der Vergangenheit versorgt hat, und ihnen Mut machen, dass er auch heute in unserem Leben wirkt.

Ich bemühe mich, oft mit meinen Kindern über die Güte Gottes zu sprechen. Auf eine Karte neben unserem Telefon habe ich geschrieben: „Gott hat mich noch nie im Stich gelassen.“ Manchmal singen wir vor dem Essen das Lied: „Gott ist so gut“. Und häufig erinnere ich meine Kinder an die Worte aus einem Psalm: „Erkennet, dass der Herr Gott ist! Er hat uns gemacht und nicht wir selbst zu seinem Volk und zu Schafen seiner Weide ...

Denn der Herr ist freundlich, und seine Gnade währet ewig und seine Wahrheit für und für" (Psalm 100,3-5).

Ja, Gott ist gut zu mir. Er gibt mir und den Kindern Kraft, Frieden, den nötigen Humor und einen gesunden Schlaf. Ist das nicht Ausdruck seiner Güte? Zu wissen, dass Gott gut ist und mir alles Nötige gegeben hat, damit ich schwere Zeiten bestehen kann, ist wirklich der erste und wichtigste Schritt, um schwierige Herausforderungen bewältigen zu lernen (siehe 2. Korinther 12,9-10).

Aber es gibt auch Zeiten überwältigender Verzweiflung, in denen ich Gottes Güte vergesse. Dann komme ich mir schwach und ängstlich vor. In meinem Innern fühle ich mich wie zerfleischt, und ich kann nicht aufhören, von meinem Schmerz zu reden. In solchen Zeiten komme ich mir nicht gerade wie ein Überwinder vor. Auch wenn der Lernprozess weitergeht, habe ich inzwischen verstanden, dass meine Schwachheit und Unzulänglichkeit in Gottes Plan liegen. Der Apostel Paulus schrieb: „... ich vermag alles durch den, der mich mächtig macht" (Philipper 4,13). Christus in mir befähigt mich, meine Schwachheit zu akzeptieren – und dann ein Überwinder zu werden.

Unsere Umstände haben mich dazu bewegt, meine Schwachheit und Verwundbarkeit vor meinen Kindern einzugestehen. Vielleicht hat diese Ehrlichkeit meinen Kindern geholfen, über ihre eigene Verletztheit und Verwirrung zu sprechen. Wir ermutigen einander mit

Worten der Hoffnung, die an der Realität unserer Situation nicht vorbeigehen: „Es ist ganz in Ordnung, Wut zu empfinden, verletzt zu sein und alles satt zu haben. Aber lasst uns jetzt einmal sehen, was wir tun können, um uns wieder zu besseren Gefühlen zu verhelfen."

Gelegentlich haben Schuldgefühle das eine oder andere unserer Kinder dazu veranlasst zu sagen: „Ich gebe das Studium auf! Ich möchte zu Hause bleiben, um dir zu helfen." Aber ich habe ihnen immer geraten, ihre eigenen Pläne weiterzuverfolgen und ihr Leben so normal wie möglich zu gestalten. Und das Leben ist weitergegangen. Seit dem Ausbruch der Depression meines Mannes gab es in unserer Familie Studienabschlüsse, eine Hochzeit und mehrere Reisen ins Ausland.

Trotzdem gleiten wir manchmal in alte Gewohnheiten zurück. „Lasst uns Papa am Sonntag besuchen", schlug ich den Kindern eines Tages vor. „Muss das sein? Es ist ihm doch sowieso egal", wandte Jon ein. „Was glaubst du, wie mir zumute ist? Ich habe ihm erzählt, dass ich nächste Woche in die Schweiz fliege, und er hat kein Wort gesagt", fügte Cathy hinzu.

Ich hoffte, dem Gespräch eine andere Wendung geben zu können. „Was, glaubt ihr, würde Papa tun, wenn es umgekehrt wäre – wenn einer von uns an seiner Stelle wäre?", fragte ich. Einige Augenblicke dachten wir schweigend über unsere gemeinsamen Erlebnisse in der

Vergangenheit nach. Erinnerungen haben eine starke Motivationskraft. Bald darauf betrachteten wir unsere Situation in einem positiveren Licht.

Als wir gerade zur Klinik aufbrechen wollten, pflückte Jon rasch einige Königsäpfel von einem Baum in unserem Garten. Er wusste, dass sein Vater diese Äpfel besonders mochte. Bepackt mit neuen Fotos und einem frisch gebackenen Kuchen fuhren wir los und hofften, die Schwestern würden uns erlauben, Tee zu kochen. Wir gaben unser Bestes, um meinem Mann etwas von der Normalität eines gesunden Lebens zu vermitteln.

„Aber wäre es nicht besser, wenn Gott ein Wunder täte und ihn heilte?", frage ich mich noch immer. Nur Gott kann diese Frage beantworten. Er ist der Konzertmeister, der unser Leben dirigiert. Jesus selbst hat die Melodie beschrieben, die gerade gespielt wird: „In der Welt habt ihr Angst; aber seid getrost, ich habe die Welt überwunden" (Johannes 16,33). Manchmal tobt der Kampf so heftig, dass ich nur flüstern kann: „Herr Jesus, halte mich fest." Dann spüre ich seine Nähe – fast so, als könnte ich ihn berühren. Und es erscheint mir, als würde ich in der Dunkelheit mit ihm tanzen.

Wo war Gott in dieser Situation?
Meine Gedanken gerieten ins Taumeln.

Die Freude wiederfinden

„Eure Traurigkeit soll sich in Freude verwandeln", verspricht Jesus allen, die ihm vertrauen. Gefühle sind ein Geschenk. Gott hat uns mit Gefühlen geschaffen, um Leben in allen Facetten erfahren und genießen zu können – nicht damit sie uns beherrschen oder belasten. Deshalb will er uns heilen, damit die Freude neu bei uns einzieht. Sie können sich fest darauf verlassen: Gott hält, was er verspricht.

Gottes Gefühlspalette

BILL HYBELS

Ich wuchs in einer fromm-religiösen Umgebung auf und brauchte nicht lange, um herauszufinden, dass die Menschen darin nicht gerade zu den befreitesten, ausdrucksvollsten Leuten der Welt gehörten.

Schon im Alter von sechs oder sieben Jahren hatte ich gelernt, dass herzhaftes Lachen zu dämpfen war, dass kummervolle Menschen ihre allzu vielen Tränen zu trocknen hatten. Zornige Menschen mussten sich beherrschen, wenn sie begriffen, was gut für sie war, und zart besaitete Leute mussten sich zusammenreißen, falls sie vorhatten, in dieser Welt zu überleben. Es schien, als müssten all die ehrlichen Emotionen, die sich im Innern der Menschen regten, erst einmal geistlich gefiltert werden, bis sie jeden Biss verloren hatten, um „christlich genug" zu sein.

Viele Jahre später, nachdem ich längst Christ geworden war, stellte ich mir die Frage: „Können Christen eigentlich fröhlich sein, ohne Gefahr zu laufen, leichtfertig oder töricht zu werden? Wie lange dürfen wir uns traurig fühlen, bevor wir mürrisch oder glaubensschwach werden? Können wir wütend werden, ohne uns den Vorwurf unchristlichen Verhaltens einzuhandeln? Wie zartfühlend dürfen wir sein, ohne sentimental zu werden?"

Es geht so schnell zu denken, ein Leben sorgsam kontrollierter Gefühle, ein Leben ohne emotionale Hochs und Tiefs, sei ein Leben, das Gott am meisten gefällt. Welch tragischer Verlust an Vitalität in Einzelnen und in der Familie Gottes! Zu viele Menschen verbringen viel zu viel Zeit im Land emotionaler Dürre.

In Johannes 5,19 sagt Jesus: „Der Sohn kann nichts von sich aus tun, sondern nur, was er den Vater tun sieht; denn was dieser tut, das tut gleicherweise auch der Sohn." In jeder Situation, in der Jesus auf dieser Erde war, spiegelte er Gottes Wesen vollkommen wider. Wenn wir sein Leben betrachten, entdecken wir, dass es Gott nicht an einer ganzen Palette von Gefühlen mangelt. Und wenn Gott ausdrucksvoll ist, können wir es auch sein.

Erlebt Gott jemals herzzerreißenden Kummer?

Es besteht kein Zweifel, dass Jesus dieses Gefühl kannte. Am Grab seines Freundes Lazarus weinte er laut. Als er auf Jerusalem herabblickte, weinte er, weil er die Menschen sah, die wie Schafe ohne Hirten umherirrten und ihr Leben ruinierten. Und als Jesus vor seinem Tod in Gethsemane betete, sagte er seinen Jüngern: „Meine Seele ist betrübt bis an den Tod; bleibt hier und wacht mit mir!" (Matthäus 26,38).

Jesus war so traurig, dass er das Gefühl hatte zu sterben. Er unterdrückte seinen Kummer nicht; er hatte nicht das Gefühl, er müsse sich zurückhalten – und das sollten auch wir nicht tun. In Psalm 56,9 steht: „Du weißt, wie oft ich umherirren musste. Sammle meine Tränen in deinen Krug; ich bin sicher, du zählst sie alle!" (Gute Nachricht). In der nahöstlichen Kultur gab es einen Brauch. Bevor ein Soldat in den Kampf zog, gab er seiner Geliebten einen Tränenkrug. Sie sammelte darin die Tränen, die sie in seiner Abwesenheit um ihn weinte. Bei seiner Rückkehr reichte sie ihm den Krug, um ihm zu zeigen, wie viel er ihr bedeutete.

Je älter ich werde, desto stärker wird mir der Kummer in dieser Welt bewusst. Ich habe gelernt, dass niemand durchs Leben geht, ohne ein paar Tiefschläge abzubekommen. Aber ob Sie nun in einer lieblosen Ehe stecken, eine zerrüttete Beziehung zu Ihren Kindern haben oder in finanzielle Schwierigkeiten geraten sind, Gott empfindet Ihren Kummer zutiefst mit. Er sagt: „Die Vorstellung, dass deine Tränen fließen könnten, ohne dass es jemand bemerkt, finde ich so schrecklich, dass ich jede deiner Tränen in ein Gefäß sammle. Im Himmel werde ich sie dir zeigen, damit du erkennst, wie wichtig du mir bist."

Hat man Ihnen irgendwann einmal beigebracht, dass Sie sich als Christ zusammenzureißen haben, ein gleichmütiges Lächeln aufsetzen müssen und fromme Kommentare von sich geben sollen, die mit Ihren wahren

Gefühlen nichts zu tun haben? Dann denken Sie daran, dass dies ganz und gar nicht Gottes Art ist.

Gott empfindet Zorn.

Die Bibel sagt uns, dass auch Jesus die Fähigkeit besaß, zornig zu werden. Als die Geldwechsler den Tempel mit der verruchten Atmosphäre eines Spielkasinos erfüllten, in dem Geld eingetauscht und die Armen ausgebeutet wurden, konnte Jesus das nicht ertragen. Er schnappte sich einen Strick, machte eine Peitsche daraus und jagte alle fort, um ihnen seinen gerechten Zorn über das zu zeigen, was sie aus diesem Ort der Anbetung gemacht hatten. Als die Menschen Jesus mit einer Peitsche in der Hand sahen, hatten sie bestimmt nicht den Eindruck, dass der Sohn Gottes seinen Zorn unterdrückte, verleugnete oder dämpfte. Zorn ist eine berechtigte Reaktion auf die Ungerechtigkeiten dieser Welt und auf die anderen Sünden, die Gottes Herz brechen und sein Wort missachten. Scheuen Sie sich also nicht, wie Gott einen solchen gerechten Zorn zu empfinden, statt ihn als unchristlich zu verleugnen.

Gott empfindet Zärtlichkeit.

Zu den zerbrechlichsten Dingen in der Zeit Jesu gehörten ein geknicktes Schilfrohr und eine flackernde Kerze, die der geringste Lufthauch auspusten konnte. Die Bibel sagt: „Das geknickte Rohr wird er nicht zerbrechen, und den glimmenden Docht wird er nicht auslöschen. In Treue trägt er das Recht hinaus" (Jesaja 42,3). Wenn Gott zerbrechliche Menschen am Rand der Verzweiflung sieht – Menschen, die kurz davor stehen, die Hoffnung aufzugeben und ein für allemal zu kapitulieren –, geht er sanft mit ihnen um. Er sagt: „Ich werde ganz fürsorglich, ganz sanft mit dir sein, deine Wunden heilen, deine Flamme sacht wieder entfachen."

Manchmal waren die Jünger Jesu frustriert, weil Jesus sich einfach nicht damit begnügen wollte, von Kindern nur am Rande Notiz zu nehmen. Er setzte sie auf den Schoß und hielt sie liebevoll im Arm. Oder es gab Situationen, in denen Jesus die Aussätzigen nicht nur aufrief, sich heilen zu lassen, sondern zu ihnen hinüberging und den Arm um sie legte, weil er wusste, dass einige von ihnen schon seit zehn, zwanzig oder dreißig Jahren keine Umarmung mehr zu spüren bekommen hatten.

Diese zärtliche Seite brauchen Menschen oft besonders. Manche von uns haben von den Eltern oder anderen Personen, die unser Leben geprägt haben, nur Härte erlebt. Aber Gott sagt, dass wir in der Beziehung zu ihm eine Art von Freundlichkeit erfahren werden, wie sie den Bedürfnissen eines geknickten Rohrs oder eines glimmenden Dochts entspricht. Und wenn unser allmächtiger Gott sich nicht scheut, zärtlich zu sein, dann sollten wir es auch nicht. Gerade weil er uns so viel Güte und Trost schenkt, sollten wir gütig und mitfühlend mit anderen umgehen.

1. Mose 1,27 beschreibt, dass Gott uns zu seinem Ebenbild erschuf, ihm ähnlich. Und dieses Ebenbild umfasst keine verwässerten Gefühle. Gott ist eine Person, die Freude, Kummer, Zorn und Zärtlichkeit zum Ausdruck bringt. Als seine Geschöpfe haben wir dieselbe Palette von Gefühlen, die der beobachtenden Welt klar vor Augen führen können, wie Gott ist – wenn wir diese Gefühle in Liebe und im richtigen Zusammenhang ausdrücken.

Ich habe gelernt, dass wir nicht im Land emotionaler Dürre leben müssen, um Christus ähnlich zu sein – und Sie?

Hat man Ihnen irgendwann einmal beigebracht, dass Sie sich als Christ zusammenzureißen haben, ein gleichmütiges Lächeln aufsetzen müssen und fromme Kommentare von sich geben sollen, die mit Ihren wahren Gefühlen nichts zu tun haben?

Hart erkämpft

JONI EARECKSON TADA

Ehrlichkeit ist immer der beste Weg. Das gilt besonders, wenn man während der Pause bei einer christlichen Frauenkonferenz von einer Schar Frauen umringt ist. Eine Frau, die sich gerade die Lippen schminkte, meinte: „Oh, Joni, du siehst immer so gefasst, so glücklich in deinem Rollstuhl aus. Ich wünschte, ich hätte so eine Freude!" Mehrere Frauen, die gerade in der Nähe standen, nickten. „Wie schaffst du das nur?", fragte sie.

Ich warf einen Blick auf die modisch gekleideten Frauen um mich her. Ich wusste, die Pause würde bald zu Ende sein. Wie konnte ich ihre Frage in etwa 60 Sekunden beantworten? Wie konnte ich etwas, das ich in drei Jahrzehnten Querschnittslähmung gelernt hatte, in ein paar Worten verständlich machen?

„Ich schaffe es nicht!", meinte ich. Ihre Augenbrauen gingen in die Höhe. „Also, darf ich euch ehrlich sagen, wie ich heute Morgen aufgewacht bin?" Mehrere Frauen lehnten sich zurück, um zuzuhören.

„Heute ist ein durchschnittlicher Tag", stieß ich hervor. „Wenn mein Mann um 6 Uhr zur Arbeit gegangen ist, bleibe ich allein, bis ich gegen 7 Uhr die Haustüre höre; dann kommt nämlich eine Freundin, um mir aufstehen zu helfen. Während ich höre, wie sie Kaffee kocht, bete ich: ‚Oh, Herr, meine Freundin wird gleich kommen und mich baden, anziehen, in den Rollstuhl setzen, mir die Haare kämmen und die Zähne putzen und mich aus dem Haus bringen. Ich habe nicht die Kraft, diese ganze Routine wieder durchzustehen. Meine Möglichkeiten sind erschöpft. Ich habe kein Lächeln in diesen Tag mitzubringen. Aber du hast es. Darf ich deins haben? Gott, ich brauche dich so sehr!'“

Ein Blick in die Gesichter um mich herum zeigte mir, dass die Frauen unter Make-up und Schmuck ebenfalls ihre Lasten trugen. Sie waren erschöpft. Ihre Herzen waren taub vor Schmerz. Und sie waren neugierig, mehr zu erfahren. „Was passiert also, wenn die Freundin ins Schlafzimmer kommt?“, hakte eine der Frauen nach.

„Ich wende ihr das Gesicht zu und begrüße sie mit einem Lächeln direkt vom Himmel. Es ist nicht mein Lächeln. Es ist Gottes Lächeln. Diese Freude“, sagte ich mit einem Blick auf meine gelähmten Beine, „die ihr jetzt seht, wurde heute Morgen hart erkämpft.“ Die Frauen um mich herum schwiegen. „Das ist die einzige Art zu leben“, fügte ich hinzu. „Es ist die christliche Art zu leben.“

Die Pause war vorüber, und es war Zeit, weiterzugehen. An diesem Abend kehrten viele Frauen körperlich erschöpft mit geschwollenen Knöcheln und brennenden Füßen nach Hause zurück, wo ungeleerte Mülleimer, gleichgültige Ehemänner und aufmüpfige Kinder auf sie warteten. Ich hoffe, sie sind aber auch mit dem Bewusstsein heimgekehrt, dass sie in ihrer Verzweiflung zu Gott gehen und ihn um seine Gnade bitten können.

Ich habe gelernt, dass wir uns gerade dann, wenn wir schwach sind, umso mehr auf Gott stützen müssen. Und je mehr wir uns auf Gott stützen, umso mehr erfahren wir, wie stark er ist. Gott hat meine Querschnittslähmung benutzt, um mich – und durch mich andere – zu lehren, dass er in unserer Schwäche stark ist.

Ich habe gelernt, dass wir uns gerade dann,
wenn wir schwach sind,
umso mehr auf Gott stützen müssen.

Achtung: Freude-Killer

Zurück zur inneren Zufriedenheit

STACEY S. PADRICK

Überall lauern sie – die Freude-Killer. Wir können zwar weglaufen, aber uns nicht vor ihnen verstecken. Sie bauschen düstere Wolken auf, um die Strahlen zu ersticken, wenn die Sonne zu unserem Herzen durchbricht. Täglich verfolgen sie uns mit nur einem Ziel – unsere Freude anzuknabbern. Doch wer oder was sind sie eigentlich? Meiner Meinung nach gibt es sieben dieser Übeltäter, die besonders hinterhältig sind.

• *Sorge und Angst.* „Sorge im Herzen bedrückt den Menschen" (Sprüche 12,25). Wenn die Last der Sorge unser Denken gefangen nimmt, können unsere Herzen nicht vor Freude tanzen. Wie schaffen wir es, uns allezeit zu freuen und uns um nichts zu sorgen, wie Paulus uns ermahnt (Philipper 4,4.6)? Wir können Gott bitten, uns zu zeigen, welche sorgenvollen Gedanken uns niederdrücken, und dann unsere Sorgen in dem Vertrauen auf ihn werfen, dass er für uns sorgen wird (Psalm 55,23, 1. Petrus 5,7). Bei einer Konferenz beschrieb die Referentin dieses „Werfen" einmal als „Hieven", so wie man einen Sack Kartoffeln auf einen Anhänger schmeißt. Sie bat uns, aufzustehen und uns vorzustellen, wie die Last aller unserer Sorgen schwer auf unseren Schultern wiegt. Wir sollten die Arme heben, diesen Sack voller Ängste und Sorgen mit unseren Händen packen und ihn mit aller Kraft auf Gott hieven. Augenblicklich war zu spüren, wie sich die Atmosphäre im Raum aufhellte. Das sollten wir als tägliche Routine einführen. Wenn neue Lasten uns die Freude zu rauben drohen, können wir sie auf Gott werfen, der uns Tag für Tag hilft (Psalm 68,20).

• *Vergleichen und Begehren.* Der Schreiber des Hebräerbriefs ermahnt uns: „... lasst euch genügen an dem, was da ist" (Hebräer 13,5). Unzufriedenheit und Undankbarkeit sind wie zwei gierige Hände, die den Stöpsel aus der Badewanne unserer Freude ziehen. Wenn wir uns auf unseren Mangel im Vergleich zur Fülle anderer (ein größeres Haus, mehr Kunden, ein attraktiveres Aussehen, bessere Gesundheit) konzentrieren, sagen wir damit stillschweigend zu Gott: „Warum hast du mir nicht gegeben, was du anderen gabst? Warum meinst du es mit mir nicht so gut wie mit jenen?" Wir stellen Gottes Güte, Treue und Liebe in Frage.

Andere Menschen mögen mit etwas gesegnet sein, was wir uns wünschen. Doch diese Dinge stehen in keinem Vergleich zum Reichtum der Freude, die Gott zu geben hat! In diesem Bewusstsein rief David aus: „Du erfreust mein Herz, ob jene auch viel Wein und Korn haben" (Psalm 4,8). Wer die Zufriedenheit dem Begehren vorzieht, bereichert sein Leben, denn „die Frömmigkeit ... ist ein großer Gewinn für den, der sich genügen lässt" (1. Timotheus 6,6). Dankbarkeit ist sozusagen der Wasserzulauf und Zufriedenheit der Stöpsel, der den Abfluss verschließt. Selbst wenn Gott unser Leben mit Segen überhäuft, wird uns die Freude zwischen den Fingern zerrinnen, wenn wir begehren. Doch wenn wir auch noch so wenig haben, bewahrt die Zufriedenheit uns das Bewusstsein der Fülle. Wenn wir uns über all das Gute freuen, das Gott uns gegeben hat, füllt ein Geist der Dankbarkeit unsere „Wanne" der Freude bis zum Überfluss.

• *Sünde.* Sie trennt uns von Gott. Und alles, was uns aus seiner Gegenwart wegzieht, entzieht uns seine Freude. „Vor dir ist Freude die Fülle und Wonne zu deiner Rechten ewiglich" (Psalm 16,11), bekennt David. Wie der Köder eines Anglers erscheint die Sünde verlockend und befriedigend. Aber sobald wir anbeißen, hängen wir am Haken und sind gefangen. Das Gesetz Gottes dagegen „erquickt die Seele" (Psalm 19,8). Wenn wir gehorchen, erfahren wir eine unbändige Freude, wie keine Sünde sie je bieten könnte. Konzentrieren wir uns auf Gott und nicht auf unsere menschlichen Begierden, gedeiht die Frucht der Freude in unserem Leben (Galater 5,22).

Wenn wir Sünde mit uns herumtragen, statt sie zu bekennen, liegt die Hand Gottes Tag und Nacht schwer auf uns (Psalm 32,4). Die Last unserer eigenen Sünde bedeckt uns wie eine dicke, nasse Decke und erstickt unsere Freude. Im Bewusstsein seiner Schuld betete David: „Wasche mich, dass ich schneeweiß werde. Lass mich hören Freude und Wonne" (Psalm 51,9b-10a). Wenn wir uns vom Heiligen Geist überführen lassen und unsere Schuld bekennen, wird Gott uns rein waschen. Dann werden wir wieder frei sein, Freude zu erfahren.

• *Geschäftigkeit und überzogene Verantwortung.* In einer besonders hektischen Woche hielt ich an einem Morgen kurz inne, um Zeit im Gebet zu verbringen. Ich merkte, dass irgendetwas nicht in Ordnung war, und fragte Gott: „Was geht da in mir vor?" Er machte mir klar, dass ich mich so übermäßig engagiert hatte, dass in meinem Herzen kein Raum mehr für die Freude blieb. Wenn wir auf den Eilzug der Geschäftigkeit aufspringen, rasen wir an stillen, grünen Auen der Freude vorüber, die Gott uns anbietet, um unsere Seelen zu erfrischen. Die Geschäftigkeit beschleunigt sich im Getriebe von Gedanken wie „Alles muss ich selbst machen. Es ist meine Sache, eine neue Arbeit zu finden, ihr Problem zu lösen, einen Vertrag zu vereinbaren, diese Person zu gewinnen, das Geld aufzutreiben". Wenn wir auf uns selbst vertrauen statt auf Gott, bleibt uns keine Zeit zum Ausruhen.

Ein enger Verbündeter der Geschäftigkeit ist ein Mangel an Schlaf, der unsere Freude gefährdet. Einem erschöpften Körper und Geist kann selbst ein Segen als Last erscheinen. Wenn unserem Körper die grundlegenden Energiequellen fehlen, die er braucht, um zu gedeihen – nahrhaftes Essen, Schlaf, Zeiten der Entspannung – dann vertrocknet die Freude wie eine unbewässerte, ungedüngte Pflanze. Als ich daran arbeitete, ein Buch rechtzeitig zum Abgabetermin fertig zu stellen, stand ich eines Morgens früh auf, nachdem ich abends wieder einmal spät ins Bett gekommen war. Beim Bibellesen stieß ich auf folgende Worte: „Wenn der Herr nicht das Haus baut, so arbeiten umsonst, die daran bauen ... Es ist umsonst, dass ihr früh aufsteht und hernach lange sitzet und esset euer Brot mit Sorgen; denn seinen Freunden gibt er es im Schlaf“ (Psalm 127,1-2). Ich stellte mir die verschwitzten Arbeiter vor, die unter der heißen Sonne Ziegelsteine aufschichteten. Mochten sie auch graben, stemmen und hämmern, bis ihre schwieligen Hände aufplatzten: Wenn der Herr nicht durch sie baute, konnten sie genauso gut am Strand liegen und eine Erfrischung zu sich nehmen.

Mir wurde bewusst, dass ich noch so oft lange aufbleiben und früh aufstehen konnte, ohne das Buch so zu vollenden, wie Gottes Geist es konnte, wenn er durch mich wirkte. Ich hielt Gott mein Manuskript hin und bat ihn im Gebet um seine Weisheit und Kraft für die Vollendung des Buches. Ich bat um Vergebung für die Einstellung, der Abschluss und Erfolg des Buches seien meine Sache. Ich bekannte, dass nur Gottes Geist – nicht mein eigenes Ringen um perfekte Formulierungen, Illustrationen und Ideen – bewirken konnte, dass mein Buch Frucht bringen und den Lesern zum Segen werden würde. Ich gab die Verantwortung dafür an Gott ab und konzentrierte mich darauf, ihm treu zu sein.

• *Krampfhaftes Festhalten.* Wenn wir Gott irgendeinen Bereich unseres Lebens vorenthalten, machen wir unsere Freude von wechselhaften Umständen abhängig. Dann geraten wir in die Versuchung, von einer trügerischen Quelle zu leben und unsere Freude selbst steuern zu wollen. In meinem Leben gab es einmal eine Beziehung, die ich unbedingt aufrechterhalten wollte. Wenn diese Beziehung aufblühte, empfand ich Freude. Wenn sie zu zerbrechen drohte, sackte meine Freude in sich zusammen. Ich hatte Angst, die Verbindung ganz an Gott abzugeben, weil ich den Verdacht hegte, er könnte sie mir wegnehmen. Doch als ich sie selbst „zum Laufen bringen" wollte, indem ich sie nach eigenen Vorstellungen zu steuern versuchte, endete alles in Frustration und Enttäuschung.

Der Wunsch, unsere Umstände völlig zu kontrollieren, erstickt die Freude. Eine Freundin von mir beschrieb eine ihrer Bekannten als eine Frau, die alles regeln will – die eingreift, um Gott nachzuhelfen, wenn es ihr nicht schnell genug geht. Sie schilderte das Verhalten dieser Frau mit den Worten: „Sie ist nur auf das fixiert, was in Ordnung gebracht werden muss, statt zu glauben, dass Gott die Dinge auf seine Weise und zu seiner Zeit in Ordnung bringen kann und wird. Deshalb versäumt sie, sich an so vielem zu freuen, das direkt vor ihren Füßen liegt."

Jesus sagte, wo unser Schatz ist, da ist auch unser Herz (Matthäus 6,21). Wenn wir anfangen, Jesus als den Schatz zu betrachten, der uns größere Freude bringt als alles, woran wir uns so sehr klammern, dann können wir auch anfangen, unsere Umklammerung zu lösen. Wir können wie der Mann werden, der in seiner Freude über den verborgenen Schatz, den er im Acker entdeckt hatte, seinen gesamten Besitz verkaufte, um den Acker zu kaufen (Matthäus 13,44).

• *Freudlose Menschen.* Als Israel die Rückkehr der Bundeslade feierte, „sah Michal, die Tochter Sauls, zum Fenster hinaus, und als sie den König David tanzen und spielen sah, verachtete sie ihn in ihrem Herzen" (1. Chronik 15,29). Wer verbittert oder schwermütig ist, kann eifersüchtig oder zynisch auf die Fröhlichkeit anderer reagieren. Bei aller Rücksicht gegenüber anderen Menschen dürfen wir nicht zulassen, dass ihre negative oder zynische Haltung unsere Freude vergiftet.

Für kurze Zeit habe ich in einem Haus gewohnt, in dem ich beim Eintreten immer das Gefühl hatte, ich müsste meine Freude dämpfen. Die zynische akademische Umgebung, in der ich dort lebte, schien mir nahe zu legen, dass ich ohne einen gewissen Zynismus einfach zu naiv angesichts der nüchternen Realität des Lebens sei.

Zynismus – ein Misstrauen gegenüber der Güte Gottes oder gegenüber anderen Menschen und ihren Motiven – wirkt wie ein Schwall kaltes Wasser auf die Flammen der Freude. Wenn wir uns auf Zynismus einlassen, setzen wir unsere Freude aufs Spiel. Wir werden unfähig, uns über kleine Gesten der Freundlichkeit, der Güte oder des Mitgefühls zu freuen, weil wir dahinter ständig selbstsüchtige Motive vermuten oder die Aufrichtigkeit anderer in Frage stellen.

• *Unglaube.* Einmal las ich folgendes Zitat: „Das Gegenteil von Freude ist nicht Sorge, sondern Unglaube." Obwohl die Sorge auf den ersten Blick der Hauptverdächtige in der Schar der Freude-Killer zu sein scheint, ist der wahre Schuldige der Unglaube. Auch wenn äußere Umstände Anlass zur Sorge bieten mögen, wird unsere Freude von dem geprägt, was wir inmitten dieser Umstände über

Gott glauben. Paulus erklärte, dass er trotz aller Leiden „allezeit fröhlich" sei (2. Korinther 6,10). Wenn Sorge und Bedrängnis die wahren Schuldigen wären, dann hätte Paulus der schwermütigste und freudloseste Mensch des Neuen Testaments sein müssen. Aber er schreibt: „Ich habe überschwängliche Freude in aller unsrer Bedrängnis" (2. Korinther 7,4).

Allzu leicht schleichen sich subtile Lügen in unser Denken ein und schlagen in unseren grundlegenden Glaubensüberzeugungen Wurzeln. Wenn ich innehalte und wirklich darauf achte, was ich glaube, bin ich oft verblüfft. Die Ranken der Lügen Satans haben sich in mein Denken gewunden und bringen ihre verdorbenen Früchte in meinen Gedanken hervor: „Gott weiß eigentlich nicht, was für mich das Beste ist. Was andere über mich denken, ist wichtiger als das, was Gott über mich sagt." Wenn diese trügerischen Ranken nicht gejätet werden, ersticken sie allmählich die Frucht der Freude.

Vertrauen und Glauben helfen uns, Lügen an der Wurzel zu packen, damit die Freude wieder atmen kann: „Denn unser Herz freut sich seiner, und wir trauen auf seinen heiligen Namen" (Psalm 33,21). Paulus betet für die Römer: „Der Gott der Hoffnung aber erfülle euch mit aller Freude und Frieden im Glauben, dass ihr immer reicher werdet an Hoffnung durch die Kraft des heiligen Geistes" (Römer 15,13). Freude entspringt aus dem Glauben. Wenn mein Glaube schwach wird und die Täuschung mir ins Ohr flüstert, wende ich mich an das, was meinen Glauben nährt und die Lügen zum Schweigen bringt: das Wort Gottes (Johannes 17,17; Römer 10,17). Wenn wir in der Bibel von Gottes Treue zu seinen Kindern lesen, wird unser Glaube gestärkt. Und unsere Freude wächst.

Freude-Killer aufspüren

Warum ist es so wichtig, diese Freude-Killer zu erkennen? Freude ist ein Geschenk Gottes (vgl. Psalm 126,3). Sie ist unser Eigentum, unser Geburtsrecht als Kinder Gottes und ein Zeichen des Heiligen Geistes (vgl. Galater 5,22). Im Kern der Freude liegt nicht nur großer Segen, sondern entscheidende geistliche Kraft. Und die Freudendiebe wissen das, besonders der Meisterdieb, der nur kommt, „um zu stehlen, zu schlachten und umzubringen" (Johannes 10,10). Er will nichts so sehr, wie unsere Freude stehlen. Denn er weiß – und fürchtet –, was wir oft vergessen: dass die Freude am Herrn unsere Stärke ist (Nehemia 8,10).

Aber Jesus versprach seinen Nachfolgern: „Eure Freude soll niemand von euch nehmen" (Johannes 16,22). Wenn ein Freude-Killer in unserem Leben lauert und uns die Freude zu rauben droht, müssen wir ihn zuerst identifizieren. Dann können wir mit den Mitteln, die Gott uns gegeben hat – mit der Waffenrüstung Gottes (das Wort Gottes, Glauben, Wahrheit, Anbetung) und mit der Hilfe des Leibes Christi (durch Gebet, Ermutigung, Ermahnung) – diese Diebe mit unseren Jubelrufen in die Flucht schlagen.

Wenn wir auf den Eilzug der Geschäftigkeit aufspringen, rasen wir an stillen, grünen Auen der Freude vorüber, die Gott uns anbietet, um unsere Seelen zu erfrischen.

Was Sie tun können, um Ihre Freude wiederzugewinnen:

Im Text werden sieben Freude-Killer unterschieden. Mit welchen haben Sie am meisten zu kämpfen?

- Vergleichen und Begehren
- Sünde
- Geschäftigkeit und überzogene Verantwortung
- Krampfhaftes Festhalten
- Freudlose Menschen
- Unglaube

Nehmen Sie Ihre Bibel und eine Konkordanz zur Hand und schlagen Sie drei biblische Verheißungen oder Prinzipien nach, die sich auf diesen Bereich beziehen. Schreiben Sie sie in Ihr Tagebuch oder auf eine Karte. Wenn Sie zum Beispiel feststellen, dass Ihre Freude verfliegt, weil Sie sich ständig mit anderen vergleichen, dann könnten Sie Psalm 116,7 wählen: „Sei nun wieder zufrieden, meine Seele; denn der Herr tut dir Gutes."

Sprechen Sie nun mit Gott über diesen Bereich in Ihrem Leben. Bekennen Sie jede Sünde, bitten Sie Gott, Ihnen zu zeigen, was Sie in diesem Bereich anfällig macht, und beten Sie über das, was Sie in der Bibel gefunden haben. Sie können zum Beispiel beten: „Vater, ich erkenne, dass ich mich oft auf die guten Dinge konzentriere, die du anderen Menschen gegeben hast, statt für das dankbar zu sein, was du mir geschenkt hast. Bitte vergib mir meine Undankbarkeit und mein Vergleichen, und zeige mir, warum ich mich mehr auf andere als auf dich konzentriere. Vater, du bist gut zu mir gewesen. Hilf mir, deine Güte im Gedächtnis zu behalten, damit meine Seele zufrieden wird und sich freuen kann."

Umarme die Freude

SHEILA WALSH

Mitten in einer meiner Talk-Shows brach ich zusammen. Ich wollte ein „perfekter Christ" sein. Der Versuch, immer ein freundliches Lächeln auf dem Gesicht zu haben – auch wenn's innen drin düster aussah –, hat all meine Kraft gekostet.

Äußerlich wirkte mein Leben tatsächlich traumhaft: In meinem Heimatland Schottland wurde ich als Gospel-Sängerin entdeckt. Schnell schraubte sich meine Erfolgsspirale nach oben: internationale Bekanntheit, Preise als beste Sängerin des Jahres, Fernsehshows, mehrere Bücher ... Ich war erfolgreich und benutzte meine Popularität, um anderen von Gott zu erzählen. Ich war sehr beschäftigt, sehr bekannt, aber im Inneren sehr einsam.

Nach meinem Zusammenbruch wurde ich – die „Vorzeigechristin" – in eine psychiatrische Klinik eingewiesen. Am Morgen noch sahen mich Millionen Menschen im Fernsehen, und nun saß ich in einem Zimmer, wo ich nicht einmal einen Fön benutzen durfte – aus Angst, ich könnte mich an dessen Kabel aufhängen. Diagnose: Schwere klinische Depression.

Zu meiner großen Überraschung entdeckte ich in dieser Zeit, dass meine Zerbrochenheit mehr half, eine Brücke zu Menschen zu schlagen, als meine augenscheinliche Ganzheit. Ich habe gemerkt, dass einige von Gottes wertvollsten Geschenken in Päckchen zu uns kommen, die beim Auspacken die Hände blutig machen. Aber drinnen versteckt sich etwas, auf das du dein Leben lang gewartet hast. In dieser Zeit lernte ich auch viel über Zufriedenheit: Leben ist ein Geschenk.

Nie werde ich den Tag vergessen, an dem eine Freundin mich von außerhalb der Stadt anrief. „Ich glaube, ich habe AIDS", sagte sie. Am nächsten Morgen suchte ich eine Klinik, bei der sie einen Bluttest machen lassen konnte. Weil sie nach Hause zurückkehren musste, holte ich ihre Testergebnisse ab. Im Wartezimmer lag eine spürbare Spannung in der Luft – alle warteten auf ihr „Urteil". Plötzlich stürmte ein junger Mann aus der Tür. Freude und Erleichterung standen in seinem Gesicht geschrieben. Er musste nichts sagen. Wir wussten alle, dass er eine zweite Chance bekommen hatte. Als meine Nummer aufgerufen wurde, ging ich in das Büro, als hinge mein Leben am seidenen Faden. „Der Test ist negativ verlaufen", klärte mich der Mann hinter dem Schreibtisch auf. Nun war ich an der Reihe und konnte aus der Klinik herauslaufen. Als ich durch das Wartezimmer hastete, kam der erleichterte junge Mann gerade wieder zur Tür hereingestürzt, ging auf die Frau an der Rezeption zu, umarmte sie und sagte zu ihr: „Dankeschön!"

Die Erinnerung an diese Begebenheit lässt meinen Blick zweitausend Jahre zurückschweifen zu einem Bericht in den Evangelien. Jesus heilte zehn aussätzige Männer. „Einer aber unter ihnen, als er sah, dass er gesund geworden war, kehrte er um und pries Gott mit lauter Stimme und fiel nieder auf sein Angesicht zu Jesu Füßen und dankte ihm" (Lukas 17,15-16).

Dankeschön! Nur ein Wort, ein eindrückliches Wort, das das Leben dessen ändern kann, der es ausspricht, und desjenigen, der es empfängt.

„Dankeschön!" heißt, dass wir die Grenzen unseres eigenen Lebens erkennen.

„Dankeschön!" heißt, dass wir aufmerksam sind.

„Dankeschön!" heißt, dass unser Leben von einem anderen innerlich angerührt worden ist und wir es nicht für selbstverständlich halten.

Die einzige Person auf dieser Welt, über die Sie die Kontrolle besitzen, sind Sie selbst. Sie können weder Ihren Mann, noch Ihre erwachsenen Kinder, Ihren Pastor oder Ihre Freunde im Griff haben. Aber Sie können darüber bestimmen, wie Sie agieren und auf Situationen „re-agieren". Es kommt darauf an, meinen Griff von unwichtigen Kleinigkeiten zu lösen und Gott mehr zu „umfassen". Dabei ist die Dankbarkeit ein Schlüssel.

Mein Mann und ich waren gerade in einem Hotel und bereiteten uns auf eine Frauenkonferenz vor. Er schlug vor, schnell etwas zu essen zu holen. Ich wollte ein Thunfisch-Sandwich ohne Mayonnaise. „Alles klar?", fragte ich „Aber bitte ohne Mayonnaise!" „Okay", antwortete er. „Ich sagte keiiine Mayonnaise!", wiederholte ich. Als er zurückkam, nahm ich das Sandwich, und da hatte ich die Bescherung: Mayonnaise! „Nach was sieht das hier aus?", fragte ich ihn. „Sieht für mich wie Mayonnaise aus", flachste er. „Ich habe dir doch gesagt, dass ich keine Mayonnaise will", schoss ich zurück. „Hast du das?" fragte er. „Tut mir Leid!" Mindestens eine Stunde herrschte eisiges Schweigen zwischen uns, bis ich ihn bat, mir zu vergeben.

Später am Abend begrüßte ich Leute an meinem Büchertisch. Eine Frau in etwa meinem Alter umarmte mich und sagte zu mir: „Es ist schön zu sehen, wie sehr Sie und Ihr Mann sich lieben. Schätzen Sie einander immer!" Dann ging sie davon – mit Tränen in den Augen. Ich hörte, wie die nächste Frau in der Schlange sagte: „Sie hat letzten Monat ihren Mann verloren. Sie waren gerade mal zwei Jahre verheiratet." Als ich mit meinem Mann an diesem Abend zum Hotel zurückfuhr, schaute ich ihn mit anderen Augen an. Ich fragte mich, wie ich mich wohl fühlen würde, wenn das Letzte, was ich zu ihm gesagt hätte, wäre: „Du bist nicht einmal fähig, mir ein einfaches Sandwich zu besorgen." Ja, mein Mann hört nicht immer zu. Aber wenn ich ihn mit Dankbarkeit betrachte, sehe ich in ihm einen liebenswerten und großartigen Mann.

Wir gehen oft von der Vorstellung aus, dass Gott uns liebt, wenn alles glatt läuft; und wenn das Leben schwierig erscheint, dann meinen wir, liebt er uns nicht. Das stimmt nicht. Reichen Sie Gott die Hand! Er ist am Werk!

So viel von dem Geschenk und der Gegenwart der Freude hat damit zu tun, wie wir jeden Moment des Tages zu leben versuchen. Wenn Sie wüssten, dass heute der letzte Tag wäre, den Sie noch mit Ihren Lieben zu leben hätten, wie würde das diese Stunden verändern? Freude hat etwas mit einer bewussten Entscheidung zu tun, die wir jeden Tag treffen: Die unwichtigen Dinge loslassen und sich an den großen und wichtigen Dingen – mit Dankbarkeit – zu freuen.

Dankbarkeit verwandelt die Unzufriedenheit. Dankbarkeit zieht uns nach oben und holt uns aus unserer Selbstbezogenheit heraus – hin zur Freude. Eines Abends saß ich mit Ruth Graham zusammen. Später ließ ich unser Gespräch noch einmal Revue passieren. „Ich habe diesen Teil des Verses beinahe übersehen", hatte sie gesagt. „Aber er ist der Schlüssel!" Ich griff zu meiner Bibel und schlug Philipper 4,6-7 nach: „Sorgt euch um nichts, sondern in allen Dingen lasst eure Bitten in Gebet und Flehen mit Danksagung vor Gott kundwerden! Und der Friede Gottes, der höher ist als alle Vernunft, bewahre eure Herzen und Sinne in Christus Jesus." Was hatte sie „fast übersehen"? Den Teil über die „Danksagung". Ruth hatte mir von den Schwierigkeiten mit ihrem Sohn Franklin berichtet. Sie erzählte mir von den vielen Abenden, an denen sie neben ihrem Bett auf die Knie ging und für ihn betete, weil er vor den Einladungen seines Vaters, Christus anzunehmen, davonlief. Dann eines Abends las sie noch einmal die Worte im Philipperbrief. Dieses Mal konnte sie den Text mit neuen Augen sehen: „mit Dankbarkeit"! Wenn sie von diesem Abend an für Franklin betete, tat sie es mit einem Herzen, das Gott für sein Leben dankte. Das nahm ihr die Last als Mutter ab und steckte sie Gott mit einem „Danke" zu. Heute ist Franklin Graham Präsident eines christlichen Hilfswerks namens „Samaritan's

Purse" – einer Organisation, die unter anderem Weihnachtsgeschenke an bedürftige Kinder verteilt. Wenn ich ihn sehe, erinnere ich mich an Ruth und an Gott, und ich gebe meine Lasten im Gebet mit Danksagung ab.

Zufrieden sein – Paulus lernte das Geheimnis. Es kam anscheinend nicht „von selbst". Die Autorin Mayo Mathers drückt es so aus: „Wir können göttliche Zufriedenheit erreichen. Es kommt nur darauf an, auf was ich mich innerlich konzentriere: auf das, was Gott nicht getan hat, oder auf das, was er getan hat." Wir gehen oft von der Vorstellung aus, dass Gott uns liebt, wenn alles glatt läuft; und wenn das Leben schwierig erscheint, dann meinen wir, liebt er uns nicht. Das stimmt nicht. Reichen Sie Gott die Hand! Er ist am Werk! Es ist „lauter Freude", zu wissen, dass die Vergangenheit zugedeckt ist von dem Gott, der die Liebe ist. Unsere Gegenwart ist umgeben von dem Gott, der treu ist. Unsere Zukunft ist verborgen in den Händen des Gottes, der die Hoffnung ist.

Vielleicht betrachten Sie gerade Ihr eigenes Leben, und obwohl Sie mir mit dem Verstand in allen Punkten zustimmen mögen, sagt Ihnen Ihr Herz: „Ich bringe es einfach nicht fertig!" Hören Sie sich die Worte von Paulus einfach einmal an: „Lass dir an meiner [Gottes] Gnade genügen; denn meine Kraft ist in den Schwachen mächtig" (2. Korinther 12,9). Sie haben Recht! Sie können es nicht schaffen, und ich kann es auch nicht schaffen. Wir müssen es nicht aus eigener Kraft schaffen. Werfen Sie sich einfach auf Gott und seine Gnade. Bitten Sie ihn, Ihnen seine Liebe zu zeigen. Geben Sie ihm Raum, damit er dort einziehen kann.

Lassen Sie Gott Sie lieben, und fangen Sie an, ihm zu danken, noch bevor Sie die Wärme „spüren".

Welch' Freude!

Unsere Freude!

Wirf deine Hände in die Luft, und tanze im Gras.

Lache wie ein Baby, und weine wie ein Heiliger.

Dann fall auf deine Knie, und bete an.

Das Leben ist gut!

Gott ist gut!

Freue dich, Welt!

Vier Schritte zur Freude

1. Schreiben Sie ein persönliches Gebet auf und beten Sie es während des Tages:
   Christian schlief bis sieben Uhr am Morgen: Gott ist treu ...
   Wir brauchen ein neues Auto: Gott ist treu ...
   Elisabeth hat die Operation gut überstanden: Gott ist treu ...
2. Führen Sie ein Tagebuch der Dankbarkeit. Schreiben Sie jeden Abend fünf Dinge auf, für die Sie an diesem Tag dankbar waren.
3. Sehen Sie sich nach Gelegenheiten um, danke zu sagen. Schenken Sie Menschen Beachtung, die etwas Nettes für Sie tun.
4. Meditieren Sie über diesen Worten aus der Bibel: Psalm 100, 4-5; Philipper 4,4; Kolosser 3,15-16.

DIE AUTORINNEN UND AUTOREN

Dr. Richard D. Dobbins ist Psychologe und Autor mehrerer Bücher.

Joni Eareckson Tada ist seit 1967 nach einem Schwimmunfall gelähmt. Sie ist verheiratet und ist weltweit bekannt als Referentin und Autorin mehrerer Bestseller. Sie setzt sich als Gründerin und Präsidentin von „Joni-and-Friends-Ministries" weltweit für Behinderte ein.

Dr. Archibald D. Hart ist Professor für Psychologie und Autor mehrerer Bücher.

Regina Hübner, Mutter von vier Kindern, hat eine theologische Ausbildung absolviert und ist ehrenamtlich in ihrer Gemeinde und in zwei Seniorenheimen tätig.

Bill Hybels, verheiratet mit Lynne, hat zwei Kinder und ist Pastor der Willow Creek Community Church in Chicago.

Helen Lescheid hat fünf erwachsene Kinder, ist ehemalige Krankenschwester und hat zahlreiche Artikel und ein Buch geschrieben.

Elisabeth Mittelstädt, verheiratet, ist die Herausgeberin und Redaktionsleiterin von „Lydia – die christliche Zeitschrift für die Frau".

Stacey S. Padrick, beliebte Autorin mehrerer Bücher und Anbetungsleiterin in ihrer Gemeinde, lebt in San Francisco, USA.

Annemarie Pfeifer, verheiratet, hat drei Kinder und ist Autorin, psychologische Beraterin und Referentin. Bei „Lydia – die christliche Zeitschrift für die Frau" schreibt sie regelmäßig in der Rubrik „Nachgefragt".

Dr. Samuel Pfeifer, verheiratet mit Annemarie, hat drei Söhne und arbeitet als Facharzt für Psychiatrie und Psychotherapie. Er ist Chefarzt der Psychiatrischen Klinik Sonnenhalde in Riehen bei Basel und Autor mehrerer Bücher.

David Seamands war Missionar und Pastor, ist jetzt Dozent an einer theologischen Universität in den USA und hat mehrere Bücher geschrieben, besonders zum Thema „Innere Heilung".

Dagmar Simantzik, verheiratet, hat vier Kinder, ist Übersetzerin und Lehrerin für Deutsch als Fremdsprache.

Dorthe Stieper, verheiratet, ist freie Redakteurin und lebt in Dänemark.

Sheila Walsh, Sängerin und Autorin, veröffentlichte unter anderem die Bücher „Umarme die Freude" und „Jetzt bist du meine Tochter".

Im Laufe der vergangenen Jahre haben diese Frauen und Männer ihre Geschichten, ihre Erfahrungen und ihr Wissen „LYDIA – der christlichen Zeitschrift für die Frau" anvertraut. Daraus ist dieses Buch entstanden. Herzlichen Dank dafür!